健康素养系列丛书

青少年身心健康常识

丛书主编　邹志江

丛书副主编　刘亦文　万德芝　王少臣

丛书编委　（按姓氏笔画顺序）

万　娟　万德芝　王少臣　卢小凡　付　恺

许乐为　刘亦文　邹志江　陈国安　吴寒冰

杨　冰　欧阳宗保　张　莉　徐雅金　龚小平

黄迅前　曾庆勇　熊　丽　戴岳华　瞿　园

本书主编　徐雅金　戴岳华　王丽晶

江西科学技术出版社

前　言

健康是促进人的全面发展的必然要求，是国家富强和人民幸福的重要标志。习近平总书记指出，没有全民健康，就没有全面小康。党的十八届五中全会从协调推进“四个全面”战略布局出发，提出“推进健康中国建设”的宏伟目标，江西省人大十二届五次会议通过的政府工作报告中提出的“推进健康江西建设”，充分体现了党和政府以人为本、执政为民的理念，凸显了党和政府对维护国民健康的高度重视与坚定决心。

随着国家经济的发展，人民生活水平的提高，如何提高国民的健康素养，有效增进国民的健康水平，是迫在眉睫的重大问题，而这个问题的改善需要社会各界有识之士共同努力。

在增进健康的努力中，人们往往过分依赖于医生、药物和医疗设施，却很少重视自身在增进健康中的主导作用，常常自叹工作忙而忽视自我保健，以致产生许多本来可以预防和避免的疾病；部分本来可以根治的疾病，也因此失去了治疗良机，导致健康水平的降低。在日常生活中，有些人被疾病折磨了几十年，仍对自己所患的疾病一无所知，或者知之甚少，把疾病康复的希望全部寄托在医生身上。实际上，医生并不是疾病预防和康复的主体，真正的主体是自己。就拿冠心病来讲：高胆固醇饮食、吸烟、肥胖、高血压和紧张情绪等均是引起和加剧冠心病的危险因素，而这些心理和行为因素都属于可以通过行为方式的改变而消除的危险因素。至于疾病的康复手段和方法，除了药物外，诸如运动、饮食等养生保健方法，更是医生所替代不了的。

依靠自己的主观努力，积极采取一切可以促进健康的自我保健方法，积极配合医生，同不健康、虚弱、疾病、衰老作斗争已越来越被人们所重视。另外，随着国家医疗体制改革进一步深化，医疗保险制度的普及和完善，人们迫切需要一套能比较系统、全面指导预防、医疗、保健、康复的医学科普书籍。为此，我们组织医学专家撰写了这套《健康素养系列丛书》，力求以通俗易懂的文字，把人们日常生活中最常见而又容易忽视的健康知识奉献给关心和爱护健康的人们。

《健康素养系列丛书》为人们防治常见病、慢性病提供了行之有效的自我保健方法，对提高生活质量作了精辟论述，是一套有别于医学专业书籍的新颖的科普知识系列读本。本丛书面向基层，面向群众，通过阅读，使读者能在自己的努力下，进行自我强身，以增强体质，减少疾病；一旦患病，以利尽早发现，及时治疗，早日康复，将疾病带来的损害降至最低限度；讲究实用，力求做到易读、易懂、易操作。一书在手，犹如请了一位家庭医学顾问。

限于水平与时间，本套丛书不足之处在所难免，望广大读者批评、指正。

目录

CONTENTS

第一章　青少年生理及心理发展问题

1　青少年生理发育各阶段及其特点　/ 002

2　青少年生殖器官的组成及其成熟的表现　/ 005

3　青春期心理发展的特点　/ 006

4　青少年性心理发展的阶段　/ 008

5　青春期孩子性意识的表现　/ 009

6　青春期性幻想、性梦和手淫的概念　/ 011

7　青少年健康的心理标准　/ 013

8　青少年不健康的心理表现　/ 015

第二章　青少年学习问题

1　正确的学习方法　/ 017

2　智商的概念　/ 019

3　厌学症及其产生的原因　/ 022

4　改变青少年厌学情绪的方法　/ 025

5　培养青少年独立思考能力的方法　/ 026

6　选择文理科的方法　/ 028

7　孩子在课外辅导班学习的必要性　/ 031

8 家长帮助孩子提高学习成绩的方法 / 033
9 偏科产生的原因 / 034
10 克服偏科的方法 / 036
11 人脑发育的关键时期 / 039

第三章 青少年人际交往问题

1 青少年要加入团体的原因 / 042
2 青少年常见的社交心理障碍 / 044
3 青少年在社交过程中克服害羞心理的方法 / 046
4 青少年接纳和塑造自己青春期形象的方法 / 048
5 很多青少年喜欢中性打扮的原因 / 050
6 青春期克服异性交往障碍的方法 / 052
7 克服友谊挫折的方法 / 054
8 青少年克服嫉妒心理的方法 / 056
9 校园暴力产生的原因及其危害 / 058
10 青少年各阶段的友谊模式 / 060

第四章 青少年恋爱问题

1 单相思的概念及克服单相思的方法 / 063
2 早恋的概念及早恋的特点 / 065
3 教育早恋孩子的方法 / 067
4 青春期综合征的表现及克服方法 / 069
5 青春期性幻想的概念 / 071
6 青少年性健康教育的内容 / 073

7 建立青春期性别角色的方法 / 075

第五章　青少年家庭关系问题

1 父母的教育方式影响孩子性格的表现 / 078
2 孩子逆反心理形成的原因 / 080
3 孩子逆反心理的表现 / 082
4 观察学习的概念 / 084
5 单亲家庭教育孩子的方法 / 085
6 单身母亲家庭男孩的性别角色教育 / 087
7 父母教育方式不当引起孩子患神经症的表现 / 091
8 父母培养孩子自信的方法 / 093
9 教育孩子的最好时期 / 095
10 边缘青少年的概念 / 097

第六章　青少年常见心理疾病

1 青少年常见的神经症 / 101
2 “网瘾”的概念及防治“网瘾”的方法 / 105
3 最容易患上“网瘾”的孩子类型 / 108
4 青少年网络双重人格的概念 / 110
5 青少年心理问题产生的原因 / 112
6 青少年喜爱记日记的心理原因 / 114
7 自卑儿童不健康心理的表现 / 116
8 儿童孤独症的概念及其治疗方法 / 118
9 抑郁症的概念 / 122

10 阅读障碍的概念 / 124
11 多动症的概念 / 126
12 预防孩子患多动症的方法 / 129
13 青少年犯罪的原因 / 130
14 预防青少年犯罪的方法 / 133

第七章 青少年常见生理疾病

1 近视眼的预防与治疗 / 136
2 脊柱弯曲异常的预防与治疗 / 140
3 龋齿的预防与治疗 / 144
4 病毒性肝炎的预防与治疗 / 148

第一章

青少年生理及心理发展问题

1 青少年生理发育各阶段及其特点

青少年生长期大致包括以下几个阶段：新生儿期、婴儿期、先童年期、童年早期、童年中期、少年期（童年晚期）、青年初期。青少年具有显著的生理特征，一般是从童年早期开始，直到青年初期。

婴儿出生一个月内为新生儿期，是从胎内生活转到胎外生活的关键转变时期。婴儿期则经历着人类个体发育的第一个生长高峰。

先童年期是指 2 ~ 3 岁，童年早期是指 3 ~ 7 岁。学前儿童的身高到 6 岁时一般达到 115 厘米，体重可达 19 千克左右，身高的增加比体重的变化更加明显，给人一种孩子变瘦的感觉。同时，这一时期孩子的体力、耐力和灵活性都开始有显著提高，脑发育日益成熟，到 7 岁时，其脑量相当于成人脑量的 90%。脑的日益成熟为儿童认知能力的发展准备了条件，为孩子进行正规的学习活动提供了生理准备。

童年中期是指 6 ~ 7 岁到 11 ~ 12 岁。经过了婴儿期到幼儿期的身体高速成长，大多数 6 ~ 10 岁的小学生在身体发育上进入了一个相对平缓的时期。10 岁以前，一般男孩略重且高于女孩，10 岁以后，由于女孩青春期来得早些，她们的身高和体重会赶上或超过男孩，直到男孩也进入青春期，身高和体重又会反超。童年中期儿童的骨骼系统仍在迅速生长，肌肉大小及力量逐渐增加，心、肺的重量和容积也继续增大，到 9 岁时，心脏的重量是出生时的 6 倍，心跳率下降到每分钟 85 次，并经历换牙阶段——脱落乳牙、长出恒牙。儿童换牙对家长来说是一件大事，他们会感到孩子又进入到人生的一个新的阶段，这一阶段儿童神经系统发展最重要的特点是：大脑皮层在整个神经活动中已能起到主导作用。11 ~ 12 岁的儿童几乎和成人一样，已形成了最高级的神经功能，这为儿童完成适度的学习任务提供了生理基础。

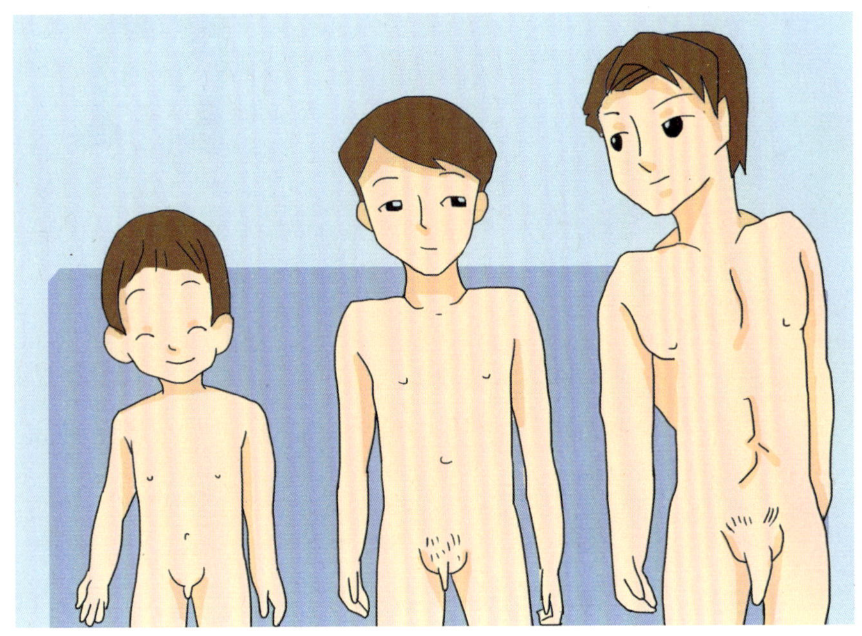

少年期和青年初期分别指 13～16 岁和 17～18 岁，这一时期的男女通常称为青少年。青少年正处于从儿童向成人过渡的时期，这一过渡时期的生理基础是青春期的发育，即生殖器官的成熟。青春发育期以女性卵巢的逐渐增大和男性前列腺、精囊的发育为开始标志，但因为这时不容易观察到身体内部的变化，所以多数人便以外部现象，即女孩的月经初潮和男孩的夜间首次排精来确定发育期的起点。体内分泌系统发生变化，生殖器官日益成熟，便会刺激各器官各系统的跃进式发育，身高加快增长，体重迅速增加，脑组织无论从量上还是质上都在发育，并日臻成熟。

2 青少年生殖器官的组成及其成熟的表现

男性生殖系统由男性内生殖器和外生殖器两部分组成。男性内生殖器由生殖腺（睾丸）、输送管道（附睾、输精管、射精管、男性尿道）、附属腺体（精囊腺、前列腺、尿道球腺）组成，外生殖器包括阴茎、尿管和阴囊。

女性生殖系统由女性外生殖器和内生殖器两部分组成。女性内生殖器包括阴道、子宫、输卵管、卵巢，外生殖器是指从体表可以看到的生殖器官，包括阴阜、大阴唇、小阴唇、阴蒂、阴道前庭、尿道口、处女膜。

生殖器官是指产生生殖细胞，用于繁殖后代并完成生殖过程的所有器官。进入青春期以后，生殖器官在性激素和其他激素的作用下迅速发育。男性的睾丸发育最早，12～16岁迅速增大，同时分泌大量雄性激素，促使阴茎等器官发育和男子第二性征显现。首次遗精的精液里没有成熟的精子，随着身体的发育，性器官也发育成熟，才出现成熟的精子，从而具备一定的生殖能力。由于大脑性中枢兴奋而引起阴茎无缘无故地勃起时，不必惊慌，只要转移注意力，阴茎勃起也会随之消失。女孩大概在乳房发育后 2 年左右，就会出现首次阴道出血现象，即“月经初潮”，现代医学将月经初潮看作是女性进入性成熟的重要标志。

3 青春期心理发展的特点

进入青春期的少男少女，因为生理的发育与成熟，心理必然会发生显著的变化，在青少年的半幼稚、半成熟阶段，更应重视心理健康教育。所谓的心理是感觉、知觉、记忆、思维、情感、意志、性格、意识倾向等心理现象的总称，具体表现在以下几个方面：

①大脑飞速运转，抽象的逻辑思维开始占主导地位，善于独立思考，遇到问题自己解决，不喜欢寻求帮助，对事物开始有独立的见解。

②情绪趋于稳定，可以控制自己的喜怒哀乐，形成人生观、世界观、价值观的同时，也有了可以适应社会需求的道德观。

③意志力增强，对生活有目标，努力坚持，拼搏进取，积极向上，生活上不依赖父母，可以自己独立完成生活起居，并能够克服生活中所遇到的困难。

青少年自我意识的主要发展阶段如下：

第一阶段：自我中心期（1～3 岁左右）。婴幼儿期的自我意识从无到有。

第二阶段：客观化时期（4 岁～青春期）。从儿童到青少年，自我意识逐渐向客观化发展，能初步地评价和认识自己，学会摆正自己同他人和社会的关系，懂得社会角色的转换，并且最易接受文化的影响，是学习知识的最佳时期。

第三阶段：主观化时期（青春期～成年）。能比较全面地对自己和别人作出评价，属于自我意识的成熟期，也是心理成熟期。该阶段青少年逐渐形成了个性，能以自己的价值观、世界观去看待社会，相对独立的处理问题，实现各自的人生价值，并已经表现出了和成人很相似的特征，心态上出现“成人感”，自以为生理上发育了、知识增加了、生活能力提高了，因此独立意向增强，渴望自主，出现要求独立的心理，称为“心理断奶期”，也称“第二次诞生期”。这是每个人走向心理成熟的必经之路。

4 青少年性心理发展的阶段

著名心理学家弗洛伊德将性心理发展划分为 5 个阶段：第一阶段是口唇期，指刚刚出生至 1 岁半，这个阶段的婴儿从刺激口腔的活动中获得快感，开始认知世界，例如：吮吸、咬，同时，在断奶时会产生冲突。第二阶段是肛门期，指 1 岁半至 3 岁半，这个阶段的儿童以排泄来释放快乐，对孩子进行排便训练时会产生冲突。第三阶段是前生殖器期，指 3 岁半至 6 岁，学前儿童开始对自己的性器官感兴趣，并且从对性器官的刺激中获得乐趣，在与父母的关系上，出现恋母情结。第四阶段是潜伏期，指 6 岁到青春期，在该时期，儿童的性冲动被压抑，很少有性心理的冲突。第五阶段是生殖器期，指从青春期到成年，随着青春期的到来，性冲动再次出现，他们开始从异性（而不是父母）身上寻找性别认同。青春期的性心理教育对其一生的发展都非常重要，健康的性心理教育可以使青少年人格健全，正确客观地评价自己和他人。

5 青春期孩子性意识的表现

青春期是一个人由童年向成年过渡的时期，也是第二性特征和生殖器官逐渐成熟的特定阶段。青春期一般分为青春初期（从小学五六年级至初一）、青春中期（从初二至高一）、青春后期（高二至大学）。世界卫生组织（WHO）把青春期定为10～20岁。一般女孩初潮年龄平均为12岁，男孩首次遗精年龄平均为13岁。随着青少年身体的迅速发育，心理也发生很大的变化，所以，过分地禁锢性知识教育，只会增加性的神秘感和青少年对性的好奇心，从而产生性困惑。有效地解决青少年的性困惑是帮助青少年成长的关键。性意识是指青少年对性的了解、体验和态度。性伴随人的一生，性意识在初中阶段就已经开始萌动了。随着社会的发展，青少年可以通过影视、书刊、网络等各种途径了解两性的差异和两性的关系，多数孩子会对自己的性特征变化产生害羞、紧张和恐惧心理；对两性关系好奇，产生性幻想；对性的感觉、爱情与性之间的关系等问题追根究底。

性意识表现在以下几个方面：

①对性知识的追求。青少年进入青春发育期，对性

知识产生兴趣是自然的，但必须通过阅读健康的书刊、向家长和老师求教、心理咨询等各种正当渠道来学习和了解性知识，切忌通过黄色书刊、录像、网站等不健康的途径，走上学习性知识的歧途，否则其后果将不堪设想。

②对异性的爱慕。青春期的爱慕只是一种朦胧的性意识，爱慕是指因喜欢、仰慕、敬重而愿意接近的感情。不同的性格，爱慕的表现方式也不相同，有的将爱慕之心深埋在心底；有的相互爱慕而互不流露；有的同时爱慕着几个异性；有的不免流露出爱慕之情。这些都属于青少年的正常心理变化。

③性欲望和性冲动。随着性器官的成熟和性意识的发展，青少年产生了性欲望和性冲动，这完全符合正常的生理和心理发育的规律。但是，青少年一定要提高自控能力，不能因为性冲动而做出违背道德观念的事，甚至做出越轨行为，最终后悔莫及。

④性的自慰行为。自慰是通过性幻想、性梦、手淫等方式来缓解体内驱动力带来的性冲动和性紧张的行为。

6 青春期性幻想、性梦和手淫的概念

性幻想又称“爱欲白日梦”，其内容丰富多彩。大脑将从外界接受的情爱片段重新组合，虚构出自己与爱慕异性的交往，借幻想来满足自己的愿望。性本能驱使性幻想虽属正常，但也不能太多太频。以梦境替代现实，会使精神萎靡不振，影响学习。随着年龄的增长，性幻想会逐渐减少。

性梦是指在深睡或假寐时出现的与性爱有关的梦，它的产生与性刺激、欲念、幻想有关，是性器官充盈和性冲动满足时发生的一种性心理活动，属于正常现象，男孩出现性梦多于女孩。男孩在做性梦时，会情不自禁地阴茎勃起，伴遗精，称“梦精”；女孩梦醒后，会阴道湿润，能回忆起性梦的内容，并影响情绪和行为。性梦过频要找原因，平时不要过分追求性刺激，不要过频进行性自慰，睡眠时内裤不要过紧，更不能憋尿。

手淫又称自慰，是指用手或者物体刺激自己的性器官，达到性兴奋的行为。手淫常与性幻想同步进行，从而使性兴奋获得释放。手淫不能过度，没有或不想手淫也是正常的。

7 青少年健康的心理标准

有强烈的求知欲，乐于学习；对新问题、新事物有兴趣和探索精神，表现出能动性；智力等各因素在活动中能够有机结合，积极协调，正常地发挥作用。

积极情绪多于消极情绪，使自身保持乐观、积极、向上的心态；情绪反应适度，有适当的引发原因，反应强度与引发情境相符合；能有效调节和控制情绪的质、量、度，使其能在适当时间、场合恰如其分地表达，既能克制约束，又能适度宣泄，不过分压抑。

有行动的知觉性、果断性、顽强性和自制力，即在活动中有自觉目的，而不是缺乏主见或盲目决定、一意孤行；执行决定能及时决断，并根据变化的外界环境随时调整决定；能用毅力克服一切困难和挫折，实现既定的目标；能有效地控制、调节自身的心理活动，使之符合实现目标的要求。

对自己的认识比较接近现实，不会产生自我同一性混乱；能愉快地接受自己，对生活、学习、现状和未来有一定程度的满足感和发展感；以积极进取的人生观作为个性的核心，能把自己的需要、愿望、目标和行为统一起来。

乐于与人交往，既有稳定广泛的一般朋友，又有无话不说的知心朋友；在与人交往中不卑不亢，保持自己的个性；宽以待人，乐于助人，客观评价自己和他人；取人之长，补己之短；积极的交往态度多于消极态度；有必要的心理准备；在复杂的人际关系中能够保护和发展自己。

能和集体保持良好的接触和同步关系，自己的需要和愿望与社会的要求、集体的利益发生矛盾时，能迅速自我调节，谋求与社会的协调一致，对社会现状有较清晰的认识，明确自己所处的位置；学会调控解决生活中遇到的各种问题，掌握排解心理困扰、减轻心理压力的方法；学会学习，掌握学习的方法与策略，能够优化和调节自己的学习过程，调控自己的学习心理状态，开发潜能，达到良好的学习效果。

8 青少年不健康的心理表现

①忧郁。表现为闷闷不乐、愁眉苦脸、沉默寡言，对人和事物都持悲观态度，消极面对生活。

②狭隘。斤斤计较、心胸狭窄，不能理解他人。对小事也耿耿于怀，爱钻牛角尖。

③嫉妒。当别人比自己优秀时，表现出不自然、不舒服甚至怀有敌意的态度，更有甚者竟用打击、中伤等手段来发泄内心的嫉妒。

④惊恐。对环境和事物有恐惧感，如怕针、怕暗、怕鬼怪。轻者心跳加速、手发抖，重者失眠、梦中惊叫等。

⑤残暴。有暴力倾向，遇到困难时有与他人吵架或者虐待动物的行为。更有甚者通过戏弄他人来让自己开心，对他人冷嘲热讽，没有友爱之心。

⑥敏感。即神经过敏，多疑，常常把别人无意中的话、不相干的动作看成是对自己的轻视或嘲笑，喜怒无常，情绪变化很大。

⑦自卑。对自己缺乏信心，无论在学习上还是在生活中，总把自己看得比别人低一等，抬不起头来。这种自卑严重影响情绪，使其缺乏情趣，压抑感太强。

第二章

青少年学习问题

1 正确的学习方法

①认真安排时间。首先制定一张作息时间表，在表上填写必须要做的内容，如吃饭、睡觉、上课等，安排完这些内容之后，选定合适的、固定的时间用于学习，且必须留出足够的时间来完成正常的阅读和课后作业。作息时间表上也可以有娱乐的内容，比如学习音乐、美术、书法或者进行体育运动。一张作息时间表也许不能解决所有的问题，但是它能让你了解如何支配这一周的时间，从而使你有条不紊的学习和娱乐。

②学前预习。即在认真投入学习之前，先把要学习的内容快速浏览一遍，了解学习的大致内容及结构，以便能及时理解和消化学习内容。当然，要注意轻重详略，在不太重要的地方可以少花点时间，在重要的地方可以稍微放慢学习速度。学前预习可以大大提高听课效率，加深学习的记忆，还能够提高独立思考的能力和分析能力。

③充分利用课堂时间。学习成绩好的学生很大程度上得益于善于充分利用课堂时间，这就意味着他们可以节省很多课余时间。充分利用课堂时间，要做到课堂上及时配合老师，做好课堂笔记，帮助自己记住老师讲授

的内容，尤其重要的是要积极地独立思考，跟上老师的思维，踊跃地回答老师提出的问题。

④学习要有合理的规律。课堂上做的笔记要在课后及时回顾，不仅要复习老师在课堂上讲授的重要内容，还要复习那些仍感模糊的知识。如果能够坚持定期复习笔记和课本，并做一些相关的习题，定能更深刻地理解学习内容，记忆也会保持更久。

⑤找一个安静、舒适的地方学习。选择某个合适的地方作学习之处，这一点很重要，它可以是单间书房、教室或图书馆，不管在哪里，必须是舒适的、安静的。当你开始学习时，应该全神贯注于你的功课，切忌“身在曹营心在汉”。

⑥树立正确的考试观。平时测验的目的主要是知晓掌握功课的程度如何，所以不要弄虚作假，应心平气和地对待它。一两次考试成绩不尽如人意没关系，只要学习扎实，认真对待，下一次一定会考出好成绩。通过测验，可了解下一步学习需要多花工夫的地方，更有助于把新学的知识记得牢固，还可以有效避免出现考试焦虑等情况。

2 智商的概念

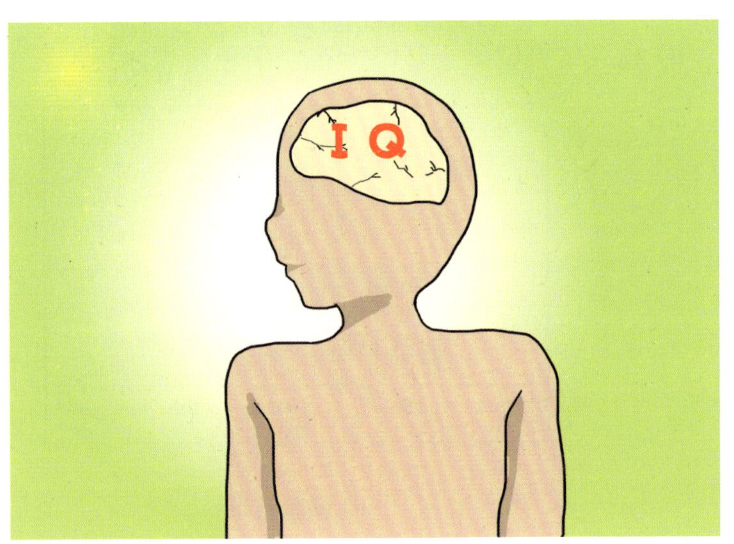

智力商数，简称智商，即IQ（Intelligence Quotient的简称），是一种表示人智力高低的数据指标，也可以表示为一个人对知识的掌握程度，反映人的观察力、记忆力、思维能力、想象力、创造力以及分析问题和解决问题的能力。智商测试通过一系列标准测试测量人在其年龄段的认知能力（“智力”），由法国的比奈和他的学生发明，比奈将一般人的平均智商定为100，根据这套测验，正常

人的智商大多在85~115之间。智商不单与遗传因素有关，还与生活环境有关，是某个人智力的商数，具体计算方法是一个人的智力年龄（Mental Age，MA）与实际年龄（Chronological Age，CA）的比值乘上100，其计算公式如下：

$$IQ = (MA/CA) \times 100$$

IQ＝智商；MA＝心智年龄（智力年龄）；CA＝生理年龄（实际年龄）。

IQ测验结果接近于正态分布，颜色带表示标准差的大小。

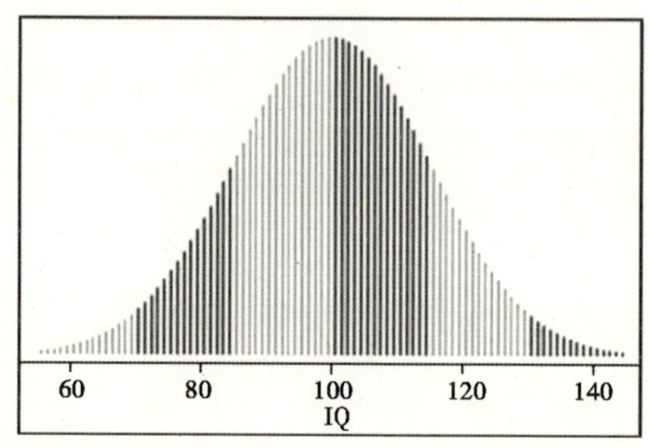

IQ测验结果

专家普遍认为构成智力的因素有5种，分别是观察力、记忆力、注意力、思维能力和想象力。其中，观察力是指能发现别人从未注意过的问题的能力；记忆力是指能记住事物的外形和名称，以及该事物与以前学过的某物的相似点与不同之处的能力；注意力是指集中精力的能力，只有集中精力，才有可能更好地观察事物，并记住该事物；思维能力是指观察到各种事物以后，渐渐学会将它们归纳分类，并进行分析比较，从具体的区别上升到抽象的区别，进而产生总结和概括的能力；想象力是指由此及彼，通过事物的一点联想到许多点，通过联想加以想象出现一种新的想法的能力。智商的高低与一个人的学习能力和学习成绩有很大关系，但如果只凭智商来推断一个人在社会上的成就，会显得不够客观，甚至产生很大的偏差。智商只是一个参考，父母在教育孩子时不必一定按照这个标准来确定孩子的智力程度，因为每个孩子的智力发育都具有个体差异，各个方面的发展是不平衡的。因此，发现孩子的优势，并合理地加以引导，孩子会发展得更好。

3 厌学症及其产生的原因

厌学症与一般的厌学情绪不同，对青少年的生理、心理健康具有极大的危害性，是目前中小学生诸多学习心理障碍中最普遍、最具有危害性的现象，也是青少年最为常见的心理疾病之一。从心理学角度讲，厌学症是指学生消极对待学习活动的行为反应模式，主要表现为学生对学习认识存在偏差，情感上消极对待学习，行为上主动远离学习。患有厌学症的学生往往学习目的不明确，把学习看成是一种负担，对学习失去兴趣，不愿意从事正常的学习活动，不认真听课，不完成作业，怕考试，甚至恨书、恨老师、恨学校，旷课逃学，一提到学习就恶心、头昏、头痛、脾气暴躁甚至歇斯底里，严重的导致辍学。厌学症对青少年的生理、心理健康具有极大的危害性，其产生的原因有以下几点：

（1）学习的时间周期长，导致青少年心理疲倦

学习是一系列复杂的心理活动过程，需要付出很大的心智努力，而这种需要付出心智努力的事情，都伴随高度的精神紧张，久而久之必然会产生心理疲倦感。同时，学习也是一个长时间的事情，并非一朝一夕就可完

成，学生从小学一年级开始，持续努力学习十几年，甚至更长。所以，学习本身存在的局限性容易使学生产生心理疲倦，从而导致厌学。

（2）学生学习动机不足或不明确

在心理学中，动机是指引起和维持个体的活动，并使活动朝向某一目标的内部心理过程或内部动力。中学生动机不足或不明确的现象极为严重，其原因有：

①社会不良因素的影响。社会不良风气走进了学校，影响了学生的学习动机。

②家庭因素的影响。一些学生受到家长及社会上“脑体倒挂”现象的影响，误认为知识不重要，花钱读书不合算，认为知识够用，不如早点参加工作或经商赚钱好。

③学生学习目的不明确。学习是为了应付家长或者只是有书读就可以，而没有自己的理想和抱负。

（3）学生学习缺乏兴趣，学习情感淡漠

首先，学生课业负担过重，学习时间长，导致学习兴趣下降。其次，教师教法陈旧、师生情感不良。中小学生学习情感的产生往往源于他们对学科教师的情感，一位教师德高望重，从自然威信到学识水平、治学态度、教育教学能力等各个方面，赢得了学生的爱戴，学生必然对这位教师所教的学科抱有浓厚的兴趣，相反，师生情感不良，学生对教师没有好感，由此产生情感迁移，孩子很可能就不喜欢这位教师所教授的学科了。学生长时间不喜欢某一学科的学习，导致厌学情绪产生。

（4）学生学习意志薄弱

许多学生虽然主观上有学习的愿望，但毕竟学习是一项艰苦的事情，需要一定的时间及毅力。目前的中小学生几乎都是独生子女，生活中的困难大部分是父母帮助解决，因此，很多学生意志薄弱，一旦碰到困难便打退堂鼓，害怕学习，害怕动脑筋，长期下去，便产生厌学情绪。

（5）家长消极情绪的影响

许多学生学习基础较差，由于种种原因，经过多次努力却只得到一次次的低分和失败，长时间受到社会的偏见、家长的漠视、教师的批评、同学的歧视，直接影响到个人的前途与发展，对学习没有信心，从而产生自卑心理，导致厌学情绪。

4 改变青少年厌学情绪的方法

这需要社会、学校、家长和学生个人的共同努力。首先，学生必须充分认识学习的意义，有明确的学习目标，树立自信，面对学习上的失败要准确找出原因。其次，学校老师应该激发孩子的学习兴趣，运用多种学习方法，如充分利用孩子的视觉、听觉课堂气氛活跃，使用教学道具新颖，当学生注意力不集中时可以采用运动的方式缓解学生情绪，最重要的是建立起学生和老师之间的情感，让学生信任老师，乐于学习。再次，家长应该培养孩子稳定的学习情绪，鼓励孩子努力学习，不说消极的言语打击孩子学习信心，家长要提高孩子对学习的认识水平，使孩子意识到学习是自身的需要。认识的逐步提高，有助于孩子学习情绪的逐渐稳定，培养孩子良好的学习习惯。坚强的意志是成功的重要保证，要想使孩子将来在事业上有所成就，就必须使其拥有坚强的意志力。当孩子学习时，家长要帮助孩子确定一个既有一定难度，又是他力所能及的具体目标，并且家长应提供适当的奖励条件，鼓励、督促孩子为实现这个目标去努力。失败不灰心，成功不骄傲，从小培养孩子不达目的决不罢休的顽强精神。

5 培养青少年独立思考能力的方法

①学习上遇到难题和不理解的地方不要立即问老师或者家长，先学会自己动脑思考，在生活中遇到困难，也要想办法独立解决。独立思考能力是孩子从小就该培养的能力，这样才能在学习中有进步，在未来的生活中克服困难，积极进取。

②不墨守成规，不用常规的思想和方法思考问题，尝试用新的标准和新的方法来解决问题，并且学会从多个角度来看待问题，全方位思考问题。

③和不同的人交流，学习不同地区、不同国家的文化，开阔自己视野的同时，也全面打开自己的思路，学会换位思考，培养独立思考能力。和不同的人交流或者看不同内容的书籍，就是在接受新的观点和新的文化，这对个人的发展是非常有利的。

④跳出自己的生活圈子，定时外出游历，换一种生活方式，有助于创新性思维的开发。

⑤尝试学会质疑，多想事情发生的原因，学会透过现象看事物的本质。

6 选择文理科的方法

（1）兴趣是关键

兴趣是最好的老师，一个人对某一件事情感兴趣，就会从内心接纳它、喜欢它、亲近它，无论这件事情有多难，都会想方设法去解决，并且能从解决的过程中享受到快乐。在生活中是如此，相信在学习上也是如此。有的孩子从小就喜欢演算推理，他们能从逻辑推理中享受到乐趣；有的孩子从小就博览群书，对政治、经济、历史等人文科学很感兴趣。不同的兴趣，决定孩子不同的价值取向，在选择文理科目的时候可以综合考虑孩子从小的性格特点以及兴趣方向，从而决定选择方向。

（2）结合自身学习情况

经过小学和初中，孩子如果数、理、化学得不错，而且也比较喜欢，那选择理科就比较好；如果政治、历史学得可以，又对这些有兴趣，不妨选择文科。但要避免学生出现的一种误区就是选择文科了就可以放弃理科。针对应试的环境我们可以有所侧重，但是从人的长远发展来看，文理科目所学的内容都很重要，所以要避免出现严重的偏科现象。

（3）把握学科特点

文科主要学习语文、数学、英语、政治、历史、地理，其中语文、英语不分文理，文科数学较理科数学容易一些。政治、历史、地理上了高中才重新开设，每一个孩子都站在同一起跑线上，但政治、历史、地理不仅要记，还要理解，并能与现实结合起来灵活运用，主要考察学生的人文思想、方法和观念。理科主要学习语文、数学、英语、物理、化学、生物。物理、化学虽然初中学过一点，但进入高中后，基本上是从头开始，可以说知识的衔接不多，而生物到了高二年级才开设，对大家都一样，不存在基础问题，理科主要考查学生分析思维和逻辑推理能力。无论是文科还是理科，都不能说哪门容易哪门难，各学科都有其特点，选报只是一个开始，要想学好，还得努力付出。

（4）学校的师资力量

针对所有科目成绩较平均的同学，可以根据学校哪方面的老师

自身实力强些来进行选择，这样也有利于取得好的高考成绩。

（5）学生个人的人生目标

学生是想从事技术型工作还是管理型工作，两类工作的要求不一样，对各方面能力的需求也不同。现在社会上很多心理咨询机构可以协助家长进行测试，来了解孩子的擅长方向，家长也可以根据孩子本身的行为表现来判断，比如性格外向的，语言表达能力强的，建议学习文科；不善言语的，逻辑思维能力强的，可以选择理科。因为高中的文理科直接决定了以后大学所选择的专业和工作的方向，将会伴随一生，所以家长、学校和学生个人必须高度重视，慎重选择。

7 孩子在课外辅导班学习的必要性

目前社会上有很多的课外辅导机构，包括家教、小班授课等。课外辅导班其实是对孩子上课的补充性学习，在学校的课堂上，一个老师教一个班的学生，学生智力水平参差不齐，接受能力不一样，所以课堂教育会导致同一个课堂孩子的分数完全不同的情况。家长可以根据孩子的接受能力，有针对性地进行课外的辅导补充学习。但是，最应该重视的还是学校课堂的学习，家长给孩子

报课外辅导班不是越多越好，不然会在给孩子造成学习负担的同时，还带来经济的压力。应该给孩子的课余时间留出独立思考和学习的空间，而不是一味地听课、上课，这样会限制孩子思考能力的发展。建议在孩子小的时候学习艺术类的知识，以陶冶情操，避免从小就进行填鸭式的知识性学习，以免导致孩子后期厌学情绪的产生。在初中和高中阶段，注重知识的补充，但要有目的地进行选择，而不是越多越好。

8 家长帮助孩子提高学习成绩的方法

①给孩子树立自信。在语言上给孩子树立自信，多说鼓励的话。家长的言语鼓励会给孩子心理产生积极的影响，而言语压力则会产生反作用。

②给孩子建立良好的学习环境。如果父母都在家里学习看书，那么孩子也会从小养成学习的习惯；如果父母在家打麻将、喝酒，那么孩子从小就会受到不良影响。

③定期和学校老师沟通。孩子在校期间的学习和情感上的表现，学校老师都会在第一时间观察到，所以定期和老师沟通，可以全面了解孩子的学习情况。

④学会倾听孩子的话。及时了解孩子的心理情况、学习情况和感情情况，做好孩子家长的同时和孩子成为朋友，让孩子信任，有助于孩子学习成绩的提高。

⑤家长的学习也至关重要。随着社会信息化的发展，知识更新速度很快，如果家长不及时学习，很快会落伍，出现严重代沟和信息不对称，避免这样结果的方法就是父母要不断学习，及时更新原来学习的东西。

9 偏科产生的原因

偏科产生的原因多种多样，既有学生特定的心理、生理原因，也有个人兴趣的缘故，还有老师、家长、环境的影响等。

①表现最为普遍的就是男生多偏理科，女生多偏文科。主要原因除了男生善于逻辑思维、善于推理，女生善于发散思维、善于记忆这样的传统观念外，更多的是同学和老师对这种传统观念潜移默化的接受，从而导致一种思维定式：男生觉得自己应该学好理科，在理科方面的努力多一些，而女生在文科方面的努力多一些，最终造成一种男生偏理科、女生偏文科的普遍现象。

②个人兴趣在造成偏科方面起着关键作用。学习兴趣是有定向作用的，一个学生学什么不学什么，往往是以兴趣为定向的。学习兴趣还有动力作用，也就是说人的兴趣可以转化为主观能动性，对喜欢的课程积极主动，对不喜欢的课程置之不理，主要表现在学习主动性、课前预习情况、上课注意力，课后作业完成质量等方面。高中学习非常紧张，需要掌握的知识很多，要求个人的知识面很广，所以个人兴趣问题造成偏科也就在所难免。

③偏科与家长、老师、环境及书籍的影响也分不开。部分家长及老师经常灌输专才的优势，各种书籍、社会媒体也时常介绍专才成功的例子，这无形中给高中生一种误解，好像只要一门科目特别突出，其他科目可以不用计较。殊不知当今社会需要的是全面发展的复合型人才，在保证优势的同时也一定要兼顾其他学科，如果没有其他学科基础知识的支撑，优势终将成为无源之水，难以保持和发展。

10 克服偏科的方法

（1）思想上高度重视

态度决定一切，对于偏科问题，只有自己的学习态度端正，才能有效克服。如果思想上不高度重视，不能客观看待偏科对人才发展的危害，就会导致偏科的出现。

（2）树立克服偏科的决心和信心

有些同学因学习方法不当等各种问题造成总学不好某个学科的现象，久而久之，就产生了恐惧和排斥心理，甚至认为自己笨。对于这些学科，我们首先要藐视它，任何学科都是人建立的，人能建立它，也就能学好它。但在战略上藐视它的同时，还需要在战术上重视它，切忌说大话或者制订与实际不相符的目标。对于自己较差的科目，一定要做好打持久战的准备，要持之以恒，相信最终会战胜偏科的。

（3）有意识地培养自己的个人兴趣和主观能动性

大部分男生偏理科是因为爱动脑、善于逻辑推理，对于文科方面尤其是读、背、记等却觉得很枯燥；相反，女生中大部分虽然比较勤奋、善于形象思维，却懒于动脑，往往都是等着消化现成的东西。针对这种不同情况，培养兴趣就显得很重要，我们可以试试以下几种方法：

①用目标激发兴趣。比如学外语，只要意识到今后若不精通外语将难以生存这一点，就会自觉地学好它。

②用兴奋形成兴趣。尝试从心理上预先喜欢某一内容，然后激情高涨地接触它，兴趣就调动起来了。另外加深了解学科的背景以及目前社会上的用途，学会学以致用，就可以学好所学科目。

③用优势引导兴趣。尽量发现自己某方面的优势，以此为“兴奋点”培养兴趣，享受成功的快乐，建立信心。

④用意志强化兴趣。有了坚强的意志，才能克服困难，不断强化学习兴趣。

⑤用成功来激发兴趣。把学习目标分解，定下阶段性的小目标，刚开始要求放低一点，以便达到目标后可以得到再接再励的勇气，随着勇气增加、信心提高，兴趣就会越来越浓厚。

（4）要注意实际学习中的方法

时间安排要合理，不要盲目安排时间，更不要奢望短时间就可以取得显著的效果，应该脚踏实地地学习。这需要制订一份可操作性较强的学习计划，如每天用半小时的时间复习一小节的内容，在这段时间内集中精力，高效复习；每天安排一定时间进行预习，对下节课的内容进行一些了解，以便上课时能听懂老师讲的知识，从而提高学习的积极性。

（5）练习安排要合理

练习题目的选定要分科目区别对待：对于成绩比较好的科目，可以选择难度较大的题目，利于更深入地理解、更全面地掌握；对于自己较薄弱的科目，不要选择难度过大的题目，这样不仅浪费时间，还会打击自信心。我们应该选择基础性题目，注重基础知识的

巩固，注重基本要领的掌握，在此基础上逐渐加深难度，扩展广度。

（6）学习方法要系统

学习过程中往往有不少同学对自己所学的知识没有底，对自己的薄弱点不清楚，造成无的放矢的局面。针对这样的情况，需要本人认真梳理自己的课程，不妨通过笔记就学过的知识点进行归纳总结，由浅入深、由点及面地整理。这样就会清楚地知道自己应该掌握的、已经掌握的和尚未掌握的部分，对薄弱点进行及时的补救。

（7）要勤学好问

在学习过程中经常可以看到，某学科成绩好的学生提出问题的次数较多，对某科目掌握不太好的学生提出问题次数反而较少，甚至从未问过问题，于是越问的越好、越不问的越差，形成两极分化。应该在发现问题的时候及时提问、勇于发问、敢于请教，不要因为担心老师批评或同学取笑而保持沉默。在请教的过程中，我们不仅可以搞清楚自己疑惑的问题，同时也可以通过交流掌握与此有关的知识，使我们的理解更清晰、更深入。

11 人脑发育的关键时期

脑科学的研究表明，在人脑的发育中存在关键期，这一时期，脑在结构和功能上都具有很强的适应和重组能力，易于受到环境的影响，即关键期内，某些脑功能的建立要比青春期脑发育成熟以后更容易。关键期内适宜的刺激是运动、感觉、语言及其他脑功能正常发展的重要前提，与人脑发育关键期概念密切相关的是脑和神经系统结构和功能的可塑性，即脑可以被环境和经验所修饰，具有在外界环境和经验作用下不断塑造其结构和功能的能力。在关键期内，脑的结构和功能特别容易受到环境和经验的影响，因此，关键期也是可塑性最大的时期。

人脑发育的关键期主要表现为脑功能发展的关键期，视觉系统的发展是其中最经典的例子。婴儿如果从出生起就缺乏有效的视觉刺激，将导致本来用于视觉的脑细胞萎缩或转而从事其他的任务，如果视觉在3岁时还不能得到恢复，患儿就可能永久性地丧失视觉功能。

人类的语言习得同样存在关键期，为了正常地习得语言，人必须在特定的年龄接触正常的语言环境。婴儿

的大脑在出生后具有区分语言刺激与其他刺激的能力，而且这种语言能力一生下来或在出生以前就优先地在左半球发展。但是，随着大脑的发育，与语言活动相对应的皮层功能区不断经历着专门化的过程。在青春期以前，如果儿童还没有接触到正常的语言环境，其左半球的语言潜能就会消失。在关键期后，虽然儿童的语言能力可以继续得到发展，但其发展速度、加工过程以及学习效果都与正常的语言习得有显著差异。

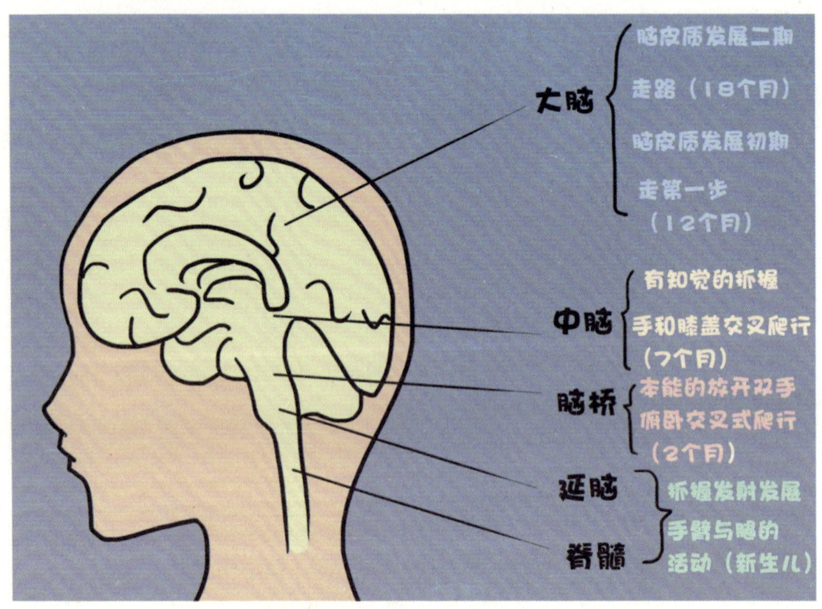

第三章

青少年人际交往问题

1 青少年要加入团体的原因

团体的力量是无法估量的，对人的影响也是深远的，在一个好的团体里学习、生活对未来的发展有着非常大的促进作用。在团体里人们可以互相激励，互相督促前进，一个人的接触面愈广，那么其知识、道德将愈加长进；如果与人断绝来往，那么他的一切能力就会减弱。手之所以灵活，也是因为 5 个手指的相互配合，才能完成想要完成的事情。

著名演说家的演说之所以精彩，还是靠着听众的理解，演说家唤起观众的同情后，其演说才能产生巨大的力量，如果一位演说家对着空无一人的讲堂，或对着两三个人进行演说，他绝对不能产生这样巨大的力量。经常同他人合作，一个人就能发现自己新的能力；如果不去和他人合作，有些潜伏着的力量是永远发挥不出来的。

无论是谁，只要他耐心聆听，他所交往的人总总愿意告诉他若干秘密，给予他一定影响。有些信息对他而言可能是闻所未闻的，但足以改变他的前程，如果这时他选择吸收，将会对他极有帮助。我们的成就，很大程度上依靠他人的有益影响，他人常常在无形之中把希望、鼓励、辅助投射到我们的生命中，常常能在心灵上安慰我们，在精神上激励我们，但是，对于这一点，只有很少的人才能体会到。

人体的发育、生命的成长，都有赖于我们从身体以外吸收多方面的营养，而有些营养是我们所难以觉察的，比如我们的耳和眼接受了外界的光和声。学校教育的价值有相当一部分是由同学、师生间切磋琢磨得来的，这些交流与切磋，能使学生的思想变得锐利，会激起他们的雄心，开发他们的能力，最重要的是，这些交流和切磋，还能启发他们对未来新的希望、新的理想。固然，书本上的知识很有价值，但是学生们在彼此的交流沟通中得来的知识与体悟，更是他们生命中的无价之宝。一个人不管有多少学识，无论有多大成就，如果不能同别人一起生活，不能互相往来，不能培养对他人的丰富同情心，不能对别人的事情产生兴趣，不能辅助别人，也不能与他人分担痛苦、分享快乐，那么他的生命必将孤独、冷酷，毫无人生的乐趣。

人应该多和高过自己的人接触交往，和一些经验丰富、学识渊博的人接触交往，这样就能在人格、道德、学问方面受到好的熏陶，使自己具有更伟大的理想和更高尚的情操，激发自己在事业方面的潜力。彼此心心相印，这力量是无法估量的，其激励作用、创造力和破坏力都是巨大的。如果只和弱者接触，那么会不断地降低自己的精神水平和工作能力，使自己的意志和理想堕落。与一个能激发我们生命中美善部分的人交往，其价值要远胜于获名获利，因为这样的交往能使我们的力量增加百倍。所以，在社会交往、与他人的沟通交流中，蕴藏着巨大的效益。

2 青少年常见的社交心理障碍

①自卑心理。自卑是一种性格上的缺陷，来源于心理上的一种消极的自我暗示。自卑是学生的大忌，有自卑心理的同学，在人际交往中总认为自己不行，缺乏自信，总是想象成功少、失败多，丧失了交往的勇气和信心。

②自傲心理。与自卑心理相反，自傲心理的表现是在交往中不切实际地对自己作高度评价，在他人面前盛气凌人、自以为是，无论是学习成绩还是生活态度，总认为自己在各个方面都比其他同学强，甚至不愿与人交往，常常使别的同学处在难堪、窘境中。

③自私心理。在交往中，以自己为中心，以满足自己的欲望为目的，不顾他人利益和需求，常常引起同学的不满和反感，影响交往的产生和发展。自私在当前独生子女占多数的中小学生中是较为普遍的一种心理，这种心理的形成和家庭的教育有很大的关系。

④恐惧心理。在交往中，特别是在大庭广众面前，不由自主地感到紧张、担心和害怕，不敢和他人言谈、交流，以致手足无措，语无伦次，严重的会发展为交往恐惧症。

⑤封闭心理。具有封闭心理的同学主要有两种：一

是害怕别人而把自己封闭起来，不敢与人交往；二是学习时间太紧，不愿与人交往，颇有点“两耳不闻窗外事，一心只读圣贤书”的味道。这种心理严重者对任何人都不信任，怀有很深的戒备心理，从此也就隔绝了人际交往，长此以往，非常不利于以后的发展。

⑥害羞心理。害羞心理有较大的普遍性。中小学生在交往中过多地约束自己的言行，表情羞涩，神情不自然，往往不能充分表达自己的思想感情，成为交往中的被动者，从而失去许多社会交往机会，失去他人的鼓励以及自我进取的动力。

⑦嫉妒心理。这种病态心理比较常见，是对他人所取得的地位、名誉、成绩、进步等的一种不服气、不友好，甚至是敌对的情感，是一种想保住自己的优越地位而极力排除他人优越地位的心理倾向。嫉妒带来的不是上进，而是愤恨和人际关系的不和谐，嫉妒心理是引起校园暴力产生的直接原因，在女生身上反映尤为明显。

⑧猜疑心理。表现为在交往过程中，自我牵连倾向太重，长期处于“疑神疑鬼”的情绪中，对他人的言行过分敏感、多疑、不信任，往往陷入痛苦和焦虑之中，认为别人说自己的坏话，或者背后攻击自己。

⑨逆反心理。逆反心理是因中小学生日益增强的独立性和闭锁性形成的，表现为对所交往同学的言行举止不加分析地批判、对抗和抵制，使双方关系紧张，致使同学之间的交往难以顺利进行。这种心理在青春期阶段尤为明显，对家长和老师逆反严重，随着年龄的增长，世界观、人生观发生变化，会渐渐转好。

⑩干涉心理。干涉心理即对别的同学的事情过分关心，表现为以打听、传播和干预别人的私事、私密为乐趣，从而引起别人的不满和厌恶，影响同学之间的关系。

以上不良心理并非彼此孤立，而往往相互交错、相互作用于不同的交往过程中。

3 青少年在社交过程中克服害羞心理的方法

人们总以为害羞是青少年的心理或心理特征，随着年龄阅历的不断增长，会自然地克服，但是现代社会，青年人的交际能力越来越显得重要，相当一部分青年有不同程度的羞怯导致的心理障碍，从而影响了与他人的沟通交流，所以害羞心理应该引起家长和老师的关注。克服害羞心理，应该做到以下几点：

①树立信心。青年人在社会交往中不要总是否定自己，拿别人的长处与自己的短处比，让自卑心理左右自己。要相信自己一定能行，遇事多采取主动态度。当说出第一句话，迈出第一步时，可能会感到羞怯，这时，应想到羞怯并不等于失败，胜利比失败往往多的只是一份勇气，所以大胆尝试着与人交往时，会感到现实比想象的简单、容易得多。推荐一个办法，就是每天对着镜子看看自己，对自己微笑，一个人只有自己发自内心地喜欢自己，才会表现出自信。

②学会同各种各样的人打交道，关键时刻表现自己。要训练自己与不同性格、不同气质、不同年龄的人打交道的胆量与能力，参加聚会、联谊时要善于寻找时机与周围的人攀谈，关键时刻要勇于表现自己，如主持会议、

晚会、演讲会等，让那些不了解你甚至小看你的人刮目相看，积极参加学校组织的活动，从各种活动中表现自己。此外，还可以发展自己的业余爱好，在培养业余爱好过程中也可以结识很多朋友，锻炼和发展自己。

③做有心人，记下感到不安的事情，这是极有效的自我心理治疗方法，因为可以为此预先做好克服它的准备。比如演讲时，拿讲稿的手会抖，不妨把讲稿夹在写字板上。再比如去面试，如果担心交谈当中会缺乏应变能力，那么不妨在交谈前先猜想对方将怎样提问，把要回答的话想好，甚至自言自语，不懈地练习，这样就能临场不惧，应付自如。

④让自己经常处于松弛状态。羞怯的人常常过于关心自己的表现会引起他人怎样的反应，因此心情常处于紧张状态。当与人交往处于羞怯或紧张气氛中时，应尽量用玩笑或幽默来自我解脱；当脸红时，应尽量忘却它，不要担心别人是否会在意——其实在别人心目中，你并不如自己所想的那么窘迫，那么让他们注意。心理学家认为，松弛是克服羞怯心理的关键，可以采用听音乐或者做舒缓的体育运动方式来进行。

⑤改变身体语言。害羞的人往往给人以孤僻、冷傲的表象，而实际上他们内心深感胆怯、孤独，渴望交流，但因为其表象使人们无法了解这些信息，被回应以远离以及同样的冷傲不屑时害羞的人会越发感到不安形成恶性循环。改变这种状态的最简单的方法就是改变身体语言，人际交往的身体语言中，最具魅力的是微笑。微笑是友善的表示、自信的象征，微笑可以使人摆脱窘境，可以缩短与他人之间的感情距离，可以化解朋友间的误会，同时可以减少羞怯，只要不断和他人沟通，努力克服羞怯心理，那么害羞的人也能拥有自信与大方的笑容。

4 青少年接纳和塑造自己青春期形象的方法

在英文中有这样一个词汇：Image Building，翻译成中文就是“形象塑造”，良好的形象不仅能够使一个人拥有较好的道德修养，而且还有助于事业的成功。大千世界，芸芸众生，每个人都有一个属于自己的形象——或美丽，或丑陋，或光辉，或灰暗，或高大，或渺小，一个人的形象，除了外表的相貌，还包括其内在的思想、情操和品格。个人形象塑造应从以下8个方面做起：

①要保持仪表整洁。不必一味讲求华丽、追求时髦，但也应适当地打扮自己，服装一定要整洁、得体、大方。学生最好看的衣服其实就是校服，可以化淡妆，但切忌不要浓妆艳抹。

②要严守信用。和别人约定好的事情一定要守信用。约会不要迟到，答应别人的事情一定要尽量做好，否则就不要答应。

③背后不要谈论别人的坏话。背后议论人，说别人的坏话，只能损坏自己的形象，因为语言产生的是非是最不好的，所以青少年切忌不要背后谈论是非。

④要亲切，充满人情味。即使面对陌生人，在微不

足道的小事和细节上，也要认真以礼相待，不能自视高人一等。大方得体，对待任何人都要体现出自己的涵养和素质。

⑤要有强烈的正义感。对就是对、错就是错，不要人云亦云，要有自己的是非观和价值观。对待正确的事情要敢于坚持自己的意见，敢于对不正确的事情说“不”。

⑥做事要光明磊落。襟怀坦荡，堂堂正正，决不以卑鄙、狡猾的手段去达到自己的目的。

⑦听取别人的意见时应有耐心。能够耐心地听取别人的见解，客观地、谦逊地表示自己的意见，不要固执己见。听别人说话时要看别人的眼睛，这是对别人最起码的尊重。

⑧要乐于助人。当别人需要你的帮助时，只要其做的事情对社会没有危害，就要不假思索地答应，并尽力而为。如果的确无能为力时，也应直说缘由以获得理解。

形象塑造绝非一天两天的事，如果我们把人的一生比作一尊雕塑的话，那日常的一言一行实际上也都是在“刻画细节”。古人说：“道自微而生”，有些事虽小，却能小中见大。爱护公物、扶老携幼、排队让座等平凡的小事，都是在用真善美的彩笔描绘自己的心灵与形象。形象塑造贵在坚持，将善行养成习惯，修炼成高尚的品格。

5 很多青少年喜欢中性打扮的原因

随着社会的发展，目前学校里出现了很多中性打扮的孩子，很多男学生的女子气表现严重，缺乏中国传统文化中男子的阳刚之气；很多女学生也将自己打扮地像个男孩，模仿男孩的穿衣、动作，甚至抽烟、喝酒。究其原因有以下几点：

①对于偶像的模仿。榜样的作用不可忽视，模仿正是寻找社会认同的一种方式，同学朋友都喜欢的偶像，自己也要用某种方式参与进去，才不至于觉得自己异于常人。有时连孩子也意识不到，模仿朋友共同的偶像，只是无意识地受大环境所影响，比如，目前社会上很多歌星和影星的打扮和言语，都会对孩子的成长有直接的影响。

②好奇心和探索欲强。在青春期，许多孩子都产生过这样的想法：异性比自己的性别更有优势，比如女孩羡慕男孩性格干脆、洒脱，而男孩也会希望像女孩一样被关心、被照顾。想通过异性的装扮去尝试做异性的感觉，这对独立愿望非常强的青少年来说并不奇怪，独立是通过探索而来的。而事实上，成年后很多人都会感觉到，男性和女性的性格并不是对立的，可以在同一个人

身上并存，所以，很多“假小子”随着年龄的增长，也不再故意模仿男性的装扮。

③通过装扮宣泄情绪。青春期的孩子，通常都很冲动，有很多情绪要发泄。有的孩子为了反抗家长的管束，会故意穿一些奇装异服，家长不妨先压一压自己反感的情绪，换个角度来看孩子的另类打扮。如果孩子有情绪发泄不出来，总会急于找一些方法来表达，比如，穿奇怪的衣服标榜自己很特别，或者穿大尺码的衣服来增加安全感。孩子另类的打扮背后一定有不一样的想法，家长一定要多和孩子沟通想法，这要比评价他们的穿着有用得多。

④家长的期望。现在大部分的孩子都是独生子女，有的家庭可能就一个男孩，那么家长希望孩子乖乖听话，就会对孩子进行语言和行为上的影响。所以，现在很多家庭的男孩看上去像个女孩一样乖乖地；相反，有的家庭是女孩，但是家长特别希望可以有个男孩，于是就将孩子像男孩一样抚养，给孩子灌输一种男生的思想，导致女孩有假小子一样的性格。所以，家庭的影响教育也很重要。

6 青春期克服异性交往障碍的方法

青春期的最初阶段，男女生的接触很不自然，局促不安，异性之间说话最容易脸红、紧张，这段时期，心理学上称之为“异性疏远期”。在这个时期，女性的表现比男性更为严重，极力克制自己与异性交往，见到同龄异性就脸红心跳，呼吸加快，语言不连贯等，出现异性交往障碍。克服障碍要做到以下几点：

①自我端正态度，培养健康的交往意识。树立健康的社交观念，淡化对对方性别的意识，由于性的萌动，青少年会产生对异性的渴望，这是正常的生理、心理现象，过分压抑对于身心健康发展是不利的，尤其是在当今信息开放的年代，人们的观念发生了巨大的变化，开放型的人际交往成了社交的主旋律，因此，不应该将与异性的交往神秘化。

②树立正气，创造良好的社交环境。用全新的观念和热忱的态度，发展异性友谊，创造适合的氛围，形成正确的社交舆论，不捕风捉影，不制造流言。在社会中生存和发展，势必要和异性接触，如果不能正确面对这一点，就会限制以后的发展。

③分清友谊和早恋的界限。为避免因青少年生理、心理机能并未完全发育成熟所导致的冲动恋爱和盲目恋爱，青少年应尽可能多地参加群体交往，用这样的方式，既能宣泄感情，满足少男少女的心理需要，又可以避免越轨行为。

④善于学习异性的优点。由于性别的差别，男女在性格和气质方面各有长处，男生坚毅、刚强、勇敢、独立；女生细腻、温柔、严谨。男女之间正常交往，有利于共同学习、共同提高。很多事情，如果男女相互合作，比较容易取得非常好的结果。

7 克服友谊挫折的方法

每个人都渴望真诚的友谊，但是友谊是需要为对方付出、需要精心呵护的，这就是为什么有的人拥有不少的知心朋友，而有的人却没有真正的朋友。人与人之间交往时需要彼此认同并倾注感情，宽容大度是取得别人好感的要素，而善解人意和真诚待人又是保持友谊的关键。在人际交往中，出现友谊挫折是一种很正常的现象，因为人和人的家庭教育背景不同，所持有的观点就不同，处理事情的方式也就不一样，应该客观地面对友谊挫折。

友谊挫折是个体在满足需要的活动过程中，遇到阻碍和干扰，使个体动机不能实现、个体需要不能满足的一种现象。友谊挫折的症状有：当好朋友又交了新朋友而受到冷落的时候，人通常有种失意感、空虚感，在一些问题的处理上，与朋友争吵最后导致友谊破裂；和朋友相处很好，但是朋友突然离开等。针对友谊挫折，青少年应做好以下几种心态的调整：

①正确的归属心理。当你的好朋友又交了另外一个朋友时，你应该感到高兴，因为同时也扩大了你的友谊圈。朋友不可能永远只和你厮守在一起，为了各自的学

习、生活和发展，大家一定会有新的朋友。人们获得友谊是多方面的，绝对不仅仅局限在你我之间，特别是在信息开放时代，人际间的交往也是多层次的，谁都需要更多的朋友。维系友谊的妙方就是相同之处和不同之处的恰当调和，相同之处使朋友们彼此理解，不同之处使朋友们互相交流。

②朋友之间相处应该是“君子坦荡荡”，当有误解的时候应该尽早解决，不要闷在心里，也不要轻信歪曲的流言或者挑拨。处理朋友之间的矛盾心态应该做到以下几个方面：第一，冷静。遇到问题的时候首先应该冷静思考，当自己想不通的时候可以寻求家长或者老师的帮助。第二，平静地和朋友交谈，并且倾听朋友的话语。第三，学会道歉。如果事情的错误是自己造成的，那么要敢于承认错误，敢于道歉。第四，对待不同的观点要学会求同存异。观点可以保留，但是不要将自己的观点强加给对方，所有的矛盾都是由于将自己的观点强加给别人而产生的。

③人们的生活习惯、社交方式等行为分歧在现实生活中是比较常见的。有的人喜欢安静，有的人喜欢热闹；有的人喜欢读书，有的人喜欢打球等，这样的分歧只能求大同存小异，大可不必迁怒对方。如果发现对方的行为动机不纯，表现出低劣人品时，应该批评劝告，乃至中止友谊。

④保持自己的独特人格魅力。每个人都是独立的个体，不要为了迎合别人而改变自己，因为没有了自我，将无法感觉到快乐。可以接受他人的指导，但是切勿被引入歧途。不是所有的人都能成为天生的领导者，但是在是非问题上，必须相信自己的判断。最好的朋友可能在个性和观点上是完全相反的，但是，当他们在一起时，会很好地取长补短。

8 青少年克服嫉妒心理的方法

嫉妒心理通常是因为以下几点原因产生：他人比自己更受欢迎，学习成绩比自己好，表现得更聪明，完成事情更有才能，长相上更漂亮，给他人的感觉更有趣、更和善，有比自己更好看的衣服，和自己相比有更好的东西，举止更有风度，家庭经济状况很好、更有钱，这几种现象在青少年群体中最为普遍。嫉妒可以成为一种积极的力量，它会促使你反省自己，并思考如何使自己变得更好，然而，它也可能成为一种很糟糕的情绪，当遭遇嫉妒情绪时，应该怎样做?

①客观看待别人的优点。应该看见他所取得的成就，并且看到成就背后所付出的努力。比如，成绩好，那么要看到他所付出的努力和汗水，而不是仅仅看到现在的光环。

②寻找自己身上的闪光点。比如如果他人的家庭好，那么自己的成绩是不是比他好呢? 或者自己的朋友比他多? 要看到自己身上的闪光点，每个人都有自己的长处，这样心理就会平衡，才能端正好跟他人交往时的态度。

当被别人嫉妒时该怎么做呢?

①保持你的自尊，牢记自己的优点，不要让嫉妒你的人动摇你的自尊心，同时远离嫉妒你的人，要不要与他们相争。

②相信自己。嫉妒只会选择不那么自信的人，要对自己充满信心。

③坦然地说出来，告诉朋友事情的经过。倾诉可以解决问题，不要独自承受痛苦。当有责难时，请告诉你信任的老师或其他成年人。

④结交其他朋友，扩大交际圈子，参加一切积极健康的集体活动。

9 校园暴力产生的原因及其危害

目前校园暴力事件层出不穷，媒体也一直频繁报道，校园暴力产生的原因有以下几个方面：

①社会方面。媒体的报道以及电影、电视等对学生影响，节目中暴力语言和行为影响了学生正确价值观的形成，这对正在形成价值观的学生而言，造成不容忽视的影响，因此，不良的社会文化背景对学生的暴力行为倾向有推动作用。

②家庭方面。父母心理健康、管教方式以及亲子互动等都会影响孩子的暴力行为。父母忙于工作，疏于督促孩子上学，会导致孩子到处游荡，结交不良朋友，生活缺少重心，没有学习目标。父母的打骂等行为也会对孩子造成不良的影响，家庭教养的失控是导致暴力产生的最为直接的原因。如何培养孩子正确的人生观、价值观，应该是每一位家长关心的首要问题。

③学校方面。学校只注重基础知识的教育，缺乏法律知识、道德知识方面的教育，不能引导学生形成正确世界观、人生观和价值观。对学生的心理辅导不足，缺乏专业老师的指导，不能对学生的暴力心理和行为进行有效的干预，会导致校园暴力的产生。老师和学生语言、

心理沟通不足。

校园暴力的表现包括以下几个方面：

①语言暴力。使用侮辱性语言、造谣污蔑等一系列对人精神上达到某种程度伤害的行为。

②生理暴力。对身体造成伤害或致人死亡，生理暴力极为普遍，后果最为严重，施暴者很有可能走上犯罪的道路。

③心理暴力。孤立、侮辱人格等精神伤害行为，这是经常被家庭或者学校忽视的暴力行为。

校园暴力的危害有：

①严重影响正常学习，使学生产生厌学心理，甚至逃避上学。

②影响学生的身心健康发展，导致不健康人格的形成。受害者容易产生自卑、逃避、孤僻、偏激等性格特点；施暴者容易形成反社会人格，走上犯罪道路。

③破坏了学校和社会的秩序，使学生对法律和社会秩序失去信心。

10 青少年各阶段的友谊模式

青少年普遍想从朋友那里得到情感支持和亲密关系，但不同的性别获得的方式在某种程度上是不同的。女孩之间主要的友谊活动是谈论，通过分享她们的感觉来发展出亲密的朋友关系；而男孩则是通过自我表露的方式来进行友谊，比如通过运动和其他的经验沟通来发展情感上的亲近。对于儿童而言，父母是最主要的支持来源，但是随着年龄增长，同性的友谊变得更加亲密，成为重要的情感支持来源。对于青少年来说，有事情更愿意向同性朋友倾诉，就像他们小的时候会向父母倾诉一样，他们会愿意花更多的时间和朋友在一起。

在青少年早期，友谊主要是将孩子们聚集在一起，他们很享受的谈论着在一起所做的事情，这些事情能使他们感到快乐，这个阶段的孩子更多的是和同性朋友在一起，女孩很少提及个性而更多地谈论她们在一起做的事情，男孩很少在一起谈论感受而是花更多的时间一起活动来巩固友谊。

在青少年中期，友谊主要来自于安全感，女孩们希望朋友们能够互相信任。青少年中期的女孩比起几年前更能意识到朋友们的担忧，也更多地关心朋友们的个性特点。女孩们特别需要一个信任的、可以倾诉秘密的朋友，这个朋友不会向别人暴露她们的秘密或在背后谈论自己。这个阶段，女生最常见的友谊压力就是担心朋友没有保守自己的秘密或在背后谈论自己。大多数女孩在青少年中期开始约会，在明白所遭遇的情感问题方面，朋友们变得非常重要，在进入异性关系期间，女孩们会与自己亲密的朋友有更多的冲突，冲突通常集中在害怕朋友的不忠诚和朋友间的竞争，相对而言，这个阶段很少有女孩和男孩之间表现出来亲密友谊。青少年中期，男孩的友谊表现和女孩有很多的相似之处，虽然男孩很少公开宣称，但像女孩一样对友谊增加了亲密的情感。男孩总是寻找那些能和他们一起做事情的朋友，只要不影响到他们一起做喜欢的事情，男孩很少对朋友的个人特点感兴趣。青少年中期的男孩不太担心朋友们会出卖他们的信任，然而，他们也不太希望朋友到处嚷嚷他们一起做的事情。

在青少年晚期，女孩之间的友谊更加重视个性。一些早期的紧张感消失了，而亲密感继续增长，她们具有更稳定的认同感和更好的社会技能，对自己和对他人安全感的增加使她们对朋友具有很大的包容性，她们可以欣赏朋友本身。对男孩而言，同性友谊仍然非常重要，但是随着年龄增长，男孩同样有了女孩的友谊。

第四章

青少年恋爱问题

1 单相思的概念及克服单相思的方法

单相思是指一方对另一方以一厢情愿的倾慕为特点的畸形爱情。单恋多是一场感情误会，是青少年“爱情错觉”的产物，“爱情错觉”是指因受对方言谈举止的迷惑、自身的各种主观体验的影响而错误地主动涉足爱河，或因自以为某个异性对自己有意而产生的爱意绵绵的主观感受。单恋者的心理状态是各不相同的。比如，羞怯型的单恋者，往往把所爱的人看得很高，把自己贬得很低，不能客观地摆正自己和对方的位置，他们将理想的光环加在对方的头上，并被光罩住了双眼，越发觉得对方高不可攀，自己卑微低贱。单恋者中，男性、女性都有，而以青春期的女性为多数，处在这个时期的女生，往往将爱情想象为理想的浪漫情感。单恋者一般性格内向，他们内心热烈，外表冷静，把爱情深埋在心底。单恋的症状有：幻想着对方很爱自己，把对方的言行举止主观地纳入到自己的生活中来理解，对方无意的语言或者行为都会引起其激动和喜悦，即便遇到了严词拒绝仍毫不质疑；想了解对方的一切，想尽办法观察和注意对方的一言一行；会注意自己的衣着打扮、言谈举止等，

希望给对方更好的印象，有的同学也会加强学习，更加努力。单恋实际上是精神生活孤僻、自卑、失意的人的一种心理补偿，往往是想象的事实而不是发生的事实。短暂的暗恋不算病，如果长期沉溺于单恋不能自拔，就是病态的单恋。

避免因为单相思引起心理问题，应做到以下几点：

①分清“爱情”和“友谊”的界限。虽然好感和友谊在一定条件下可以转化为爱情，但是不应混淆两者，不要错误地将好感认为是爱情。

②学会倾吐心中的忧郁。及时向家长、老师或最知心的朋友尽情倾吐，听听他们的评说、劝慰，有利于心情的调节。

③学会转移。多参加集体活动和体育锻炼，开阔眼界，以求得解脱和安慰。

2 早恋的概念及早恋的特点

早恋是指青春期或者青春期以前的少年出现过早恋情，多与环境因素、早熟型兴奋和性萌发有关，一部分也与孤独、空虚、心理缺乏支持有关。陷入早恋之中的少男少女情绪是欢愉的，情感是纯真的，由于情感处于主导地位，通常缺乏理性，多数人有身体和性接触的意向，但不一定都会付诸实践。

早恋的产生原因主要是：第一，青少年由于爱慕对方而产生早恋现象。第二，由于对异性的好奇心而产生

早恋现象。第三，在学业或者家庭上受到挫折、感情创伤而引起的为了获得感情补偿和排解受挫情绪而产生早恋现象。第四，逆反心理的作用，因为学校和家长在教育青少年的过程中因为方式、方法不对导致孩子产生逆反心理，从而产生恋爱关系。

早恋的特点是以下几种：

①朦胧性。早恋的青少年对于早恋关系的发展结局并不明确。他们主要是渴望与异性单独接触，但是对未来如何组建家庭、如何处理恋爱关系和学业关系、如何区别友谊和爱情都缺乏明确的认识。

②矛盾性。有早恋关系的青少年内心也充满了矛盾，既想接触又怕被人发现，早恋的过程中愉快和痛苦并存。

③变异性。早恋关系是一种充满变化、极不稳定的感情关系。青少年的早恋关系缺乏持久性，一般不会持续很长时间，可能当时由于一些影响而喜欢上对方的某些特质，但是过一段时间就会改变，因为青少年的爱情观不明确，不能确定是否是真的爱情。

④差异性。青少年的早恋行为具有明显的差异性。在行为方式上，有的早恋行为十分隐蔽，通过书信、电话等方式来传递感情；但也有的很公开，在许多场合出双入对，俨然一对情侣。

在关系程度上，大多数有早恋关系的青少年的主要活动是在一起聊天，交流隐秘的感情，这些行为还没有超出正常的关系，但有的则关系发展得很深，除了谈论感情以外，甚至发生性关系。在年龄喜好上，女孩喜欢比自己年龄大的、比较成熟的男性，年龄相当时，多半是女孩采取主动。男孩喜欢年龄比自己小的女孩，在交往中体现自己的阳刚之气。

3 教育早恋孩子的方法

早恋是指青春期或青春期之前还不到恋爱年龄的少年出现过早恋情。早恋是一种世界性的社会现象，由环境因素引起，与早熟引起的性兴奋、性萌发有关，也与少女的孤独、空虚，心理上缺乏支持有关。陷入早恋之中的少男少女因爱互相吸引、互相爱慕、互相支持，情绪是欢愉的，情感是纯真的。由于早恋中情感处于主导地位，通常都缺乏理性，多数人有身体与性接触的意向，但不一定都付诸实践，相当多的早恋少女满足于温馨的情感氛围，卿卿我我的语言交流，当然，也有部分人基于性冲动而发生性行为。早恋通常可以分为如下三种类型:

①冲动型早恋。这是指性意识发展还处于接近异性阶段的初期的早恋类型，出于好奇心而模仿成人恋爱，随心所欲，不问后果，带有明显的游戏特点。

②好感型早恋。出于对异性的向往而进行恋爱，只对某一异性的某些特点有好感。如对方声音好听，球打得好，就会偷偷地眉目传情，或干脆写信约会，带有明显盲目性的特点，这是性意识发展处于接近异性阶段中期的早恋类型。

③初恋型早恋。出于对异性容貌、能力、风度、性格等的倾慕而进行恋爱，开始对爱情有了自觉的追求，但还不能全面深刻地理解恋爱的全部内涵，这是性意识发展处于晚期的早恋类型。

针对青春期中少女的早恋，教师与父母应采取以下措施：

①加强教育，使其认识到自己在思想上尚未定型，心理上尚未成熟，经济上尚未独立，事业上尚未定向，各方面还处于发展阶段，过早谈恋爱对自己身心发展、理想前途都极其有害。

②防微杜渐，随时把握少女在同异性交流中的心态，一旦发现她们有了早恋迹象，就要及时并机智地通过暗示、点拨与谈心，力求将早恋消除在萌芽状态。

③正面疏导，循循善诱，指导她们正确对待异性，用道德力量和自控能力驾驭感情。切忌动辄批评，甚至不分青红皂白地训斥、苛责、打骂，当着同龄人的面羞辱她们，否则，极容易使她们因为反抗而与异性情感联结得更紧，把早恋变成真恋，结果使少女遭受很大精神痛苦，使她们与父母的亲情也受到伤害。个别早恋少女因不堪其辱，愤而出走或自杀，这些方面的教训是值得吸取的。

4 青春期综合征的表现及克服方法

①苛求体貌。一些青少年对自己的容貌和衣着相当敏感，以至于过分挑剔。

②性敏感。进入青春期后，随着性意识的发展，青少年对异性的言行举止过分敏感。他们常会把异性的好感当作对自己的“倾心”，而把自己对异性的好感当作“爱情”，从而造成不必要的苦恼。

③情感危机。青少年情绪波动大，自我控制能力不强，因而当他们在学习、交友、生活等方面出现重大波折时，很容易在极度失望和沮丧的情况下做出莽撞之事。

④心灵空虚。这是一种生活无聊、闲散寂寞的心态，表现为对任何事物都缺乏兴趣，提不起精神。心灵空虚是青春期综合征中负面影响最为严重的心理失衡现象。

此外，青春期综合征还表现为严重厌学、社交障碍、离家出走等。尽管青春期综合征不属于严重的心理异常，可其对青少年心理的良好发展和人格健全却是十分有害的，有可能导致较为严重的心理障碍。

克服青春期综合征应该做到以下几点：

①正确认识自己和接纳自己。认识自己就是自我认

识，自我认识与行为适应心理健康的关系是极为密切的。一般而言，自我认识与其本身的实际情况越接近，社会适应能力就越强，也就越能保持心理的健康；相反，自我认识与其本身的实际情况差距越大，则社会适应能力就越弱，也就越容易产生心理问题。

②逐步提高受挫折的能力。挫折锻炼是利用随时随地都可能发生的挫折情景，有目的地进行锻炼，从而增强应付各种难以预料的挫折的能力。挫折锻炼的实质是获取挫折的心理体验，并在此基础上通过努力去克服挫折，以提高对挫折的承受能力。

③努力控制自己的消极情绪。首先，应该具有正确的思维方法，懂得万事都不可能按自己的主观愿望顺利发展；其次，必须纠正自我评价的偏差，避免产生不必要的消极情绪。

④要有意识地扩大人际交往的范围。积极参加各种感兴趣的活动，以分散青春期综合征对自己的影响。

⑤为了自己的未来而勤奋学习。用正确的人生观作导航，永远保持健康的情绪，正视逆境，用顽强的意志去战胜各种困难和挫折，正确对待并正确评价自我。

⑥了解生理卫生知识，加强性教育。了解基本的性生理知识，加强性的社会与道德意识，正确处理性方面可能出现的问题。

5 青春期性幻想的概念

一般而言，青春期是性幻想的活跃时期。这个时期的少男少女，情窦初开，对异性产生强烈的爱慕和渴望，却又没有勇气（也没有条件）向心目中的对象表露爱慕之情，于是便把在文艺作品、影视节目中所见到的两性性爱情景重新组合，凭借想象力编成由自己参与的性活动过程，以满足自己的性欲要求。

性幻想往往伴有相应的情绪活动，尤其是情绪十分投入之时，即所谓“进入角色”，自己既可以洋洋得意，也可能偷偷地伤心落泪。有时，这种幻想可导致性兴奋及性器官充血，男性则可有阴茎勃起及射精，或者在进行性幻想时伴有手淫。性幻想较多地发生在入睡前及睡醒后卧床的那一段时间以及闲暇之时，如在旅途中。

有人调查，有26%的已婚男人和19%的已婚女人认为，自己的性幻想足以扰乱当时的工作，如果有了规律的性生活，性幻想可能减少，但是，也不会完全消失。年老以后，性幻想也相应减少，但即使是老年人，也还会有色欲的幻想。

手淫时伴有幻想也十分普遍，可以说，在青春期后，很少有人仅仅只进行手淫，而不在脑子里出现色欲的幻想。此时，幻想中的对象往往并不是自己的伴侣，而是一个现实生活中所爱慕的意中人，或心中虚构的“白马王子”。

性幻想的内容多种多样，如朝三暮四或与多人发生性关系，也可以想象向对方施暴的情景，而女性，则可能幻想遭到强暴。

过去，人们一直把性幻想看成道德品质不健康的表现，其实，这只是人类的一种性心理活动而已。这种心理现象，绝不仅仅只是一种生物的本能行为，而与人类的认知、情感等心理活动密切相关，同时，又受到社会文化背景、道德观念和制度法规的制约。

几乎所有人，都有程度不等、内容不同的性幻想。这些人中的绝大多数，都能正常地成长、生活，也能正常地与人交往，包括与异性交往，只有极少数人在种种条件下走上性犯罪的道路。因此，多数学者认为，性幻想是人类性心理发展不可避免的过程，绝大多数人仅仅是把它作为性自慰的一种形式，以补偿性生活中的不足，这与性心理变态者的变态性幻想不是一回事，一般人只是想想而已，不会付诸实施，所以不必大惊小怪，也没有必要背上精神包袱及负罪感。

此外，虽然性幻想对心理的发展不会有什么妨碍，但是，什么事情都应有一个度，如果一个人整天沉溺于性幻想之中，而妨碍了学习、工作、家庭生活和人际交往，则会产生负面的效果。对于青少年来说，家长应善于将他们的精力引导到学习和事业上去。

6 青少年性健康教育的内容

随着社会的发展，青少年发生性行为的年龄越来越早，据不完全统计，有很多在校学生已经有了性体验和性生活，因此，对于青少年性方面的教育刻不容缓。必要的性教育包括以下几个方面：

①避孕。每年医院都有因为意外怀孕而进行流产手术的青少年，流产会对青少年的身心发展会造成很严重的危害，所以给青少年灌输必要的避孕知识是学校、社会和家庭必须做的事情。避孕除了能消除怀孕的可能性外，还能非常有效地避免感染性传播疾病，最有效的避孕方式是采用避孕套。

青少年对他们的生殖能力常常有着错误的判断，认为他们没有必要采取预防措施，或认为他们太小所以不会怀孕，许多男孩认为他们在射精前及时撤出来是有效的避孕方法，许多青少年也没有意识到他们有可能感染上性传播疾病。大多数青少年没有从父母和学校那里获取有关生殖和避孕方面的足够信息，他们自然不可能向父母袒露他们的担心，同时，由于青少年还处于个性化的早期阶段，所以很难和父母讨论性方面的问题。教给青少年避孕方法，不会增加他们的性行为，调查发现，

当学校或者家庭教给孩子避孕方法后，确实延迟了青少年初次性行为的时间，并且使发生性行为的青少年更安全。

②了解性传播疾病。每年接近 900 万的青少年和成年早期的人会感染性传播疾病，性传播疾病轻者会感到奇痒无比，重者会危及生命。最严重的性传播疾病是艾滋病、梅毒和淋病，这些病目前还没有很好的治疗方法；轻一些的性传播疾病，如生殖器疱疹、阴虱等，可以用一些处方洗剂来进行治疗。

③青少年应该进行定期的怀孕检测、妇科检查等体检项目。

④流产。许多少女一开始并没有意识到自己已经怀孕，所以流产对她们而言是个复杂的决定，尤其是少女月经本来就不规律，她们很难判断是否已经怀孕，还有一些青少年试图否认怀孕，直到真相无法隐瞒才接受，她们因为道德等方面的问题难以和家长、老师沟通，使问题变得更为严重。一旦流产，应该及时和父母沟通，或者和信任的长辈沟通，避免未来造成更为严重的后果。应选择正规的医院和正确的流产方式，之后要好好调养。

7 建立青春期性别角色的方法

性别角色是特定社会所认为的适用于男性和女性的一整套行为特征。在西方社会，一般认为男性应该是自我控制的、有竞争力的、理智的，而女性是温和的、自然的、情绪化的。在东方社会，尤其在日本、朝鲜和中国，男性应该是坚强的、有事业心的、在家庭中占有主导地位的，而女性应该是温柔贤惠的、容忍的、专注于家庭的。可以看到，无论在西方还是在东方，除了极少数的社会文化状态外，在大多数社会形态中，男性是构成社会文化的主体。男女选择和从事着不同的职业，甚至在家庭中也有着不同的工作分工；男女两性有着不同的智力发展进程和特点，分别有着不同的角色行为并表现出不同的人格特点。

使男女有别的一个原因是生理上的差异：遗传的不同与性激素的不同。遗传使男女首先在生理结构和体能上就有差别，例如，刚刚出生的婴儿中，男性与女性在脑的结构方面就存在差异，首先，颞叶的不对称性（左侧大于右侧），男性大于女性，男性的左侧颞叶比右侧大38%，而女性的两侧颞叶是对称的；其次，男性左半球脑部的西尔维厄撕裂的水平成分较女性大，因而表现出更大的不对称性，而这些差异可能与语言发展有关，导致女性倾向于更快地习得语言。

父母对不同性别的孩子寄予不同的期待，并以不同的行为标准约束孩子，对孩子的性别形成也有重要影响，例如，家长希望男孩具有竞争性、坚强、勇敢，而希望女孩温柔、孝顺、听话等。家长在孩子小的时候给予孩子的玩具，也对孩子的发展有重要影响。

第五章

青少年家庭关系问题

1 父母的教育方式影响孩子性格的表现

人格障碍最终导致根深蒂固的社会适应不良，其发生与遗传和环境因素有关，而青少年的环境因素主要包括家庭和学校，其中，父母对于子女的养育方式是影响人格发育的非常重要的因素。儿童期是人格障碍形成的关键时期，人格发育虽然有一定的遗传倾向，但与后天环境特别是父母的养育方式密切相关，父母的养育方式正确，孩子的人格发育一般良好；父母的养育方式不良，孩子成年后就可能表现出不可逆的人格障碍、神经症等疾病，而导致一系列不良后果。有人格障碍倾向的孩子中，戏剧型发生的比例最高，其表现是过分需要表扬、过分关注自己的外貌，爱发脾气，感情肤浅和多变，易受他人或环境影响，以自我为中心，不停地追求刺激等。发生率第二位的是强迫型，表现为过分追求完美，过分疑虑和谨慎，过分认真，过分看重学习成绩而不顾乐趣和人际关系，过分拘泥于社会习俗，不合情理地坚持他人必须按照自己的方式行事等。发生率第三位的是分裂型，表现为情感冷淡，很少对他人表达温情、体贴或愤怒的情绪，无论对批评、表扬都无动于衷，总是偏爱单独行动，过分沉湎于幻想和内省，没有亲密朋友，不能与人建立相互信任的亲密关系等。养育方式主要包括拒绝型、过度保护型和情感温暖型三种。

拒绝型养育方式是当子女做了错事时，父母严厉批评或惩罚，甚至在旁人面前打或责骂羞辱子女，过度体罚；子女在家中被父母当作“替罪羊”“出气筒”，父母对子女过分刻薄和吝啬。

过度保护型养育方式是子女做每件事情时，几乎都会受到父母的干涉和批评，父母对子女要求过高，对子女某些可能发生的问题太过焦虑等。以上这两种不正确的养育方式，都会使孩子的人格发育受到不良影响。

情感温暖型养育方式被认为是正确的，即父母经常用语言和姿态表示对子女的喜欢；子女做错了事或遇到不愉快的事时，可求得父母的谅解、安慰和鼓励；父母尊重子女的意见，经常表扬子女，参加与子女的兴趣和爱好有关的活动；子女和父母相处平等、温暖和亲切，当子女获得成功时，父母表示高兴和自豪。在调查中我们发现，这种养育方式，子女的人格发育一般都是健康的。

男孩较女孩更易发生人格障碍倾向；高年龄组较低年龄组易发生人格障碍倾向；家庭收入高、父母亲受教育程度高，其子女人格障碍倾向发生的几率低；父母关系差及单亲家庭是导致人格障碍倾向的危险因素。此外，独生子女较非独生子女更易表现自恋性人格障碍倾向；非重点中学较重点中学的学生出现人格障碍倾向的比例大。一些国外的研究证明，青少年时期形成的人格障碍倾向如果能够得到及时纠正，在很大的程度上是可逆的。因此，对处于青春期的中学生及时进行心理卫生教育，提倡正确的父母养育方式，使青少年人格健康发育，是家长、学校和社会应共同关注的问题。

2 孩子逆反心理形成的原因

①从结构上来看，逆反心理是认知成分、情绪成分和行为倾向三者的有机统一。逆反心理的认知成分是指对逆反对象的知觉、理解及评价；情绪成分是指对逆反对象的抵触情绪，即人们对逆反对象是反感或厌恶的；行为倾向是指对逆反对象意欲表现出来的行为，即逆反行为的准备状态。三者中，认知成分是基础，如果不对客观环境是否符合个体需要进行认识，是不可能有相应的情绪与行为倾向的，抵触情绪是主要成分，往往起支配作用。当逆反心理形成之后，只要逆反对象一出现，主体就会使认知、行为倾向服从它，从而维持整个态度中知、情、意三者的平衡。

②从特性来看，逆反心理是社会依存性与相对独立性的有机统一。逆反心理与其他社会心理一样，具有两种基本特征：一方面依赖于它所反映的对象，即社会存在；另一方面对所反映的对象又具有相对独立性。逆反心理受社会存在的制约，它产生于客观存在不符合主体需要之时，当需要得到满足时，则不会产生。逆反心理不是人们对社会存在简单被动的反应，而是经过加工改

造的能动反映。

③从作用来看，逆反心理有积极与消极之分。现在有一种倾向，提到逆反心理，不是认为它是好的，就是认为它是坏的，甚至认为它是一种变态心理。把逆反心理说成是一种变态心理显然是错误的，因为逆反心理是人脑对一部分客观事物的正常反应，任何一个正常的社会成员都可能产生这种心理。至于评价逆反心理的好与坏，一定要视具体情况而定，抽象地谈论它的积极与消极是不正确的，是没有多大意义的。其判断标准是看某一逆反心理能否对客观事物进行正确反映。

④从存在来看，逆反心理是相对稳定性与可变性的统一，某种逆反心理一经形成，将持续较长时间不易改变，每当对象出现，就以相同态度待之，从而表现出一定的稳定性。但是，逆反心理又是一种可变的社会态度，在逆反对象的条件发生根本变化后，原有的逆反心理也会逐渐淡化，直至消失。

3 孩子逆反心理的表现

青少年历来都受到心理学家、教育学家及家长的特殊关注，12～18 岁，是青少年生理上基本成熟，认识和情感有了飞速的发展，理想、信念、世界观开始形成的重要时期。在这个阶段，由于生理成熟与心理成熟的不平衡性，加上自我意识觉醒等因素的影响，青少年心理发展呈现错综复杂、矛盾重重的局面，逆反心理的表现十分突出。

①对正面宣传作反面思考。有相当数量的青少年对学校、领导、教师的宣传，表现出一种不认同、不信任的反向思考，往往以社会上某些个别的不公正事实，来以偏概全地全盘否定正面宣传。同样，也有一些青少年不能从全局出发，不能从一定高度上把握现实，片面地夸大社会主义制度的某些不完善和资本主义制度的某些可取之处，有时甚至进行有意无意地反面宣传。

②对榜样及先进人物的无端否定。在教育过程中，许多教育者和家长都希望通过先进人物的感人事迹来教育感染青少年，以唤起他们的热情，从而达到激励后进的目的。但结果却往往适得其反，一些先进人物被说成

是沽名钓誉的“投机家”或“傻子”，甚至无端怀疑这些先进人物的动机，进而否定他们的先进事迹；对于身边的榜样，则冠以“拍马屁”的头衔，给予排斥和嘲笑。

③对不良倾向产生情感认同。在一些青少年当中，打架斗殴被看作是有胆量；与老师、领导公开对抗被视为有本事；哥们义气等不良的行为倾向却赢得了很多认同，而乐于助人、爱护集体、爱护公物、遵守校规校纪的青少年则被肆意讽刺、挖苦，造成在集体氛围里好人好事无人夸，不良倾向有市场，正不压邪的局面。

④对思想教育、遵章守纪要求的消极抵抗。有逆反心理的青少年，对于思想政治教育十分冷淡，认为思想政治教育大而空、形式化，不符合青少年的现实生活。因此，他们对思想政治教育采取应付、抵制、消极对抗的态度。

4 观察学习的概念

心理学界的行为主义学派重视环境因素对人格发展的影响。在经典的行为主义者看来，人类学习的方式和其他动物之间并没有明显的区别，都是通过强化获得的。心理学家班杜拉将行为主义的观点运用到人格的发展中，此外，他还提出了社会学习理论，他主张人（尤其是在儿童阶段）是通过观察和模仿榜样的方式来学习的，学习者是主动的个体。此外，他还提出了观察学习的概念，即通过他人的行为掌握运动技能、习得态度和其他行为，这一学习又可以榜样化，比如，儿童通过模仿他人的动作、观察真实世界中的成人行为或看电视，既可以学习到攻击行为，也可以学习到友善与仁慈，同时儿童也会从行为者的行为结果——强化与惩罚中进行学习，班杜拉将这种强化称为“替代强化”。班杜拉还提出了内在强化，也就是说强化不仅可以来自外界，也可以来自个体内心，人的任何人格特质，都是在社会环境中通过耳濡目染向他人学习获得的，学习的主要途径是观察和模仿。

5 单亲家庭教育孩子的方法

①家长首先转变思想认识，调整心理情绪，引导孩子对家庭环境有一个正确的认识。夫妻离异大多是在有无法化解的矛盾时发生的，离异虽然会出现新的问题，但毕竟已从更大的痛苦纠缠中解脱出来。面对新问题，要敢于正视，并逐步去解决，不应对孩子长期隐瞒离异的事实，那样反而增添一层苦恼，瞒是瞒不住的，蒙在鼓里的孩子一旦知道实情反而怨恨父母。

②帮助孩子处理好同学关系。孩子的心理压力，很大程度上来自于同学。家长要鼓励孩子在班上有几个关系好的同学，经常一起学习，一起度周末，孩子的群体生活一旦正常，许多问题就迎刃而解了。如果有个别同学说了刺激性的话，家长不妨找那个同学聊一聊或者写一封信，诚恳的态度和有理的分析，会使孩子懂事的，还可以找孩子的班主任反映情况，请班主任以适当的方式在班上讲清道理，制造舆论，正确对待这种情况。

③注意观察孩子的言行，及时解开孩子的思想疙瘩。单亲家庭的孩子往往比较敏感，有些事情会使他们产生微妙的心理变化。家长要多注意孩子的言行，发现有异

常的苗头，及时与孩子谈心，了解情况之后，能及时疏导的就及时疏导，有的问题不能一时解决，要进行更多的调查分析，考虑妥善的解决措施。

④让孩子接触其他长辈，接受多方面的教育影响。如果是离异家庭，不管哪一方带孩子，都应该让孩子与另一方有接触与交流的时间，感觉父母之爱。双方都要讲理智，切忌在孩子面前“争宠”，如果有可能，应该让孩子与父母同时团聚。父母双方不是夫妻，也可以是朋友，何况还有共同的下一代。还要让孩子与其他亲友中的长辈接触，扩大孩子的交往面，家长的同事也是交往对象，这对孩子的成长有好处。此外，单亲家庭的家长，要多给孩子当家做主的机会，让他们多为家长分忧解难，这样会有利于他们尽快成熟起来，如果包办代替太多，唯恐苦了孩子，反而对孩子的成长不利。

6 单身母亲家庭男孩的性别角色教育

单身母亲家庭是指由于离婚、丧偶或其他原因造成由母亲单独一人与孩子组成的家庭。在这样的家庭中，缺少父亲的形象和教育，使得单身母亲对孩子，尤其是儿子进行恰当的性教育颇为困难。在正常的父母双全的家庭中，男孩从小就有自己的性别角色认同对象，即父亲，并在与母亲的关系中打下未来人际关系的基础，在潜移默化中逐渐形成恰当的性别角色，如：怎样承担家庭的责任，怎样与同性和异性相处，怎样解决社会需要与家庭需要之间的冲突等。而在早年生活中缺乏父亲形象的男孩，如果母亲没有相应的关注，会使孩子在性别角色确认这一环节出现困难和混淆，表现出“男性女性化”的倾向，在性格上会表现出敏感、多疑、自卑、胆小、心胸狭窄、依赖性强等特点，这会给他的人格塑造及未来的家庭、社会生活带来不良影响。为了让孩子的性心理得到健康发展，单身母亲在对儿子的教育中要注意以下几点：

①注意培养儿子男性角色性格。一些母亲在教育儿子时，首先将他看作是自己的孩子，然后才将其当作独立

的男子汉，甚至从未将其视为独立的男子汉，对孩子过分支配和保护，满足于儿子的顺从、依赖、怯懦、仔细，这对孩子健康人格的形成极为不利。例如，男孩总是十分淘气，天不怕地不怕的，但母亲要求他讲卫生，不要搞脏衣服，不要乱跑，不要这样不要那样，结果孩子变得处处谨小慎微，缩手缩脚，成年后，母亲对儿子的这种性格“恨铁不成钢”，殊不知这主要是母亲教育的结果。父母是孩子的启蒙老师和模仿的榜样，如果要培养孩子果断、自信、大胆、心胸坦荡等性格，就要有意识地对男孩子采取内细外粗的教育方式，教育内容要符合男性性格特征，而不要培养出“脂粉气”。

②为孩子创造适当的交往环境。家庭中缺少父亲，儿子与母亲相处的时间必然增多。有的母亲认为，与女孩一起玩安全、文明、卫生，而与男孩一起玩容易出乱子。其实，这样会使孩子在成年之后产生人际交往上的障碍，他们只对某些人有安全感，而对另一些人表现出胆小、退缩和敏感。因此，母亲应该多安排孩子与爷爷、舅舅、男性同事等交往，以补偿缺乏父亲陪伴而造成的同性交往上的空白。另外，在与男性长辈交往过程中，男孩会不知不觉地模仿其他男性的行为，这是在母亲那里所得不到的。

③给孩子适度的母爱。单身母亲往往将儿子视为生活的唯一寄托，把全部的爱和感情都倾注到孩子身上。例如，有的母亲将喂奶的时间不恰当地延长；允许儿子一直与自己同床而眠；对儿子过多的关心和爱抚等，结果使孩子产生“恋母情结”，习惯于依赖母亲，而不愿意独立，更有甚者会产生变态心理和行为。心理学家研究表明：儿子最好在 7 岁以后就和父母分室休息，如果家庭条件不许可，至少也应分床。在国外，孩子一生下来就和父母分床休息，中国家庭因条件和传统等原因，没给孩子创造独自生活的环境，而单

身母亲由于对孩子过分的爱，使得一定条件下分不清母爱和情爱的界限，也不了解这样做给孩子带来的恶果，造成儿子在心理上永远不能“断奶”。

④母亲要有自己的生活安排。孩子一生下来就本能地具有占有欲，他们吮吸母亲的营养，占有母亲的怀抱和目光，成为母亲生活的中心。随着孩子的长大，母亲应该慢慢将注意力转离孩子，但是，许多单身母亲依然将全部时间都给了孩子，没有自己的私生活，这其实对儿子性心理的发展是无益的。母亲应该定期给自己安排时间，用来处理私人事情，包括同异性的交往，使孩子明白，母亲是爱他的，但他不能占有母亲所有的感情空间。否则孩子会变得放荡不羁，不服管教，或向母亲滥施命令，自私地反对母亲再婚等。母亲给自己时间的同时，也能够给予孩子成熟的机会。

⑤让孩子接受健全的婚姻观和性态度。有些单身母亲在以往的婚姻生活或性经历中受到过创伤，这些创伤使她们对婚姻、异性持有一定的偏见，并且将这种偏见灌输给孩子。例如，告诉孩子是爸爸不要他们了，男人都很坏，自己是如何不幸等，使孩子对人产生敌意、不信任感，同时也有不安全和被抛弃感。还有的母亲喜欢一遍又一遍地对孩子说：“我这么辛辛苦苦都是为了你，如果没有你，我就好过多了。”她们以为这样说，孩子就不会忘记母亲的养育之恩，但实际上却造成了孩子忧郁、多愁善感、自卑、自责的心理，给未来的生活投下了沉重的阴影。有些成年男性患有“心因性阳痿”，原因就是母子关系的异常，他们总有“女性是痛苦的，自己是有罪的”潜意识，因此，在性生活中无法产生平等、共享的感觉，从而导致性功能障碍。

⑥再婚有利于对儿子的性教育。在很多情况下，单身母亲为了

孩子不受苦才选择了不再婚，但其实这对孩子的性心理发育很不利。由于家庭中缺乏男性形象，使得性教育中许多细节的具体实施受到限制，即使有其他男性亲属的帮助，也很难弥补父爱缺失对于孩子的影响。而且，再婚对于单身母亲的情感和生理需要也是有益的，如果母亲的情感和欲求受到压抑，也会影响孩子的情绪和个性发展。当然，母亲是否再婚是其个人的选择，但是，如果是为了孩子的成长考虑，则要改变传统的观念。

总之，单身母亲对儿子的性别角色教育是一个复杂的课题，与一般意义上的性教育内容和方法都有许多具体差别，有待于进一步研究和探索。随着社会经济生活的不断变革，离婚现象越来越得到公众的理解，但我们希望孩子从中得到正常的教育。

7 父母教育方式不当引起孩子患神经症的表现

子女患神经症的原因之一就是父母的教育不当，主要表现如下：

①有些父母缺乏对孩子的关心、理解、信任和鼓励。沟通很少，他们较其他父母使子女更多地表现出冷漠、忽视的态度，对子女也缺乏关注、爱心和肯定，这种不当的教养方式使子女很难对最初接触者产生信任感和安全感。这种信任感、安全感的缺乏，会伴随着儿童的成长而发展、延续，直至泛化为对周围的人和环境产生一种不安全感，从而影响他们成年后与他人的顺利交往。这些父母的行为使子女在与人交往中过多地体验了无助感、恐惧感、不安全感和孤独感，而这正是孩子患神经症的基础。

②有些父母对子女有明显的惩罚行为。这种惩罚行为包括体罚、责骂、缺乏宽容、过分严厉或以一种使人难堪的方式对待子女，父母过于频繁和严厉的惩罚、责骂及苛求会对子女的心理成长产生扭曲。这样，他们在评价自身的行为、态度和欲望时，往往就会过分苛刻和严厉，从而产生明显的罪恶感、耻辱感和自我谴责，导

致最终成为神经症患者。

③父母对子女表现出过多的否认、拒绝和贬低行为。具体而言，父母的这一不当的教养方式多表现在不尊重子女的观点，无视子女的需求，经常嘲笑、否认子女的能力，挑剔子女的错误或不妥之处。这种教养方式会使子女形成永远无法超越的、在成年人面前本能的自卑感；会使子女内心时时体验着无价值感、无位置感和无能力感。这些感觉会使子女丧失对生活的基本信心；或以一种防御的形式，过度追求自尊而产生神经症倾向。

在传统文化的指导下，中国人在儿童少年时期，社会化必然要经历依赖、求同、自抑等方面的训练和塑造，而神经症中的强迫症、抑郁症、焦虑症形成便与此有直接或间接的关联。依赖训练，开始于中国“特色”的、人际间的相互依附关系，如在家庭中，子女从刚刚出生就要习惯于对父母的依附关系。在中国的家庭中，父母由于往往把子女视为自己生命的延续，所以不希望两代人之间出现断裂，为此要训练子女对自己的依附。依赖训练便是达到这一目的的有效方式，结果导致子女独立性差、社会适应能力低。这些子女在实际生活中，一旦无所依附，就会不可避免地产生紧张焦虑、恐慌退缩等神经症倾向。求同与自抑训练，就是培养孩子在遵守社会大多数人的思想观念和行为方式的同时，学会抑制自己独特的、被主流文化所贬斥的个人情感欲望和异端思想行为。这种训练的结果，往往抑制了个人本能欲望的正常表达，在家庭中就会引起子女焦虑不安、情绪抑郁，还极易导致在他们成人后，思维方式和行为方式的刻板、不灵活，产生强迫观念或强迫行为。

8 父母培养孩子自信的方法

自信是一种情感体验，对于孩子而言，从小就建立起良好的自我评价系统，树立自信，会为他将来成功度过一生奠定坚实的基础。然而，如何才能把自信的种子种在孩子的心中呢？幼教专家提出以下几条建议：

①无条件地给予爱。让孩子知道，不管他好看与否、健康与否，父母都会爱他，这将是孩子自信心滋长的最佳土壤。作为父母，应该慷慨地给孩子爱，更多地拥抱他、亲吻他。在帮他改正某个错误时，明白地告诉他，你不能接受的是他的行为，而不是他这个人。

②给孩子足够的关注。尽量抽出时间陪陪孩子，这样会让他感觉到来自父母的重视。陪孩子的时间不一定要很长，只要你在上网浏览时，停下来跟正想和你交谈的他聊上两句；或者关掉电视，回答他提出的一个问题，等等。保持与孩子眼睛平行的交流，这会清楚地告诉他，你在认真关注他。

③给孩子选择的权利。给孩子选择时，最好让他在两种选择中作出决定。因为如果不加限制，孩子往往会作出数不清的选择。孩子在一次次为自己做主的同时，

也一次次赢得建立自信的机会。在自己的判断得到肯定时，孩子的自我评价也会大大提高。

④支持孩子健康安全的冒险行为。应该支持孩子在安全状态下探索新鲜事物，尝试各种体验。面对孩子的失败，父母如果能在自己“帮助和保护孩子”的愿望和孩子完成冒险的需要之间找到平衡点，将会有利于孩子建立良好的自我意识。

⑤允许错误发生。给孩子选择的权利和鼓励孩子冒险，无疑会使孩子经常犯错误。事实上，这些犯错体验也是孩子树立自信心的必修课。孩子犯错时，父母不要横加指责，而应帮他找出改正错误的方法。这样不仅不会伤害孩子的自尊，还会使他明白，接受和改正错误是件很容易的事情。

⑥给孩子的成功搭个梯子。给孩子创造满足自我需要的机会，不仅有助培养孩子的独立性，还会让他产生“自己的事情能够自己做”的自豪感。

⑦肯定良好的行为。每个人都会从别人的肯定中获得积极的情感体验，因此，父母每天应尽量多夸夸孩子一天中做好的事情。表扬孩子时，一定要具体实在，这会令孩子产生成就感，提高自信心。同时，也让他懂得做什么是对的。

⑧给予鼓励。鼓励是一种认可的行为，而不仅仅是对所取得成绩的奖励。表扬和鼓励的不同之处在于，前者是奖励行为（你做到了），后者奖励人（我为你感到自豪）。表扬让孩子觉得把一件事做得完美的时候是好孩子，而鼓励则是对努力的认可。

9 教育孩子的最好时期

①新学期开始的时候。新的一年、新的学期开始或孩子进入新的学习环境时，会有一种新的意识、新的能力，此时家长因势利导，自然就会“旗开得胜”。

②孩子享受成功喜悦的时候。家长若能在祝贺鼓励的基础上，对孩子提出明确具体的要求，将会收到满意的效果。

③孩子感受委屈的时候。家长若能主动地以冷静、宽容和同情的态度去帮助孩子解释，那么孩子会产生感激之情，也就易于接受家长的告诫了。

④老师来访的时候。家长应把孩子的长处告诉老师，同时以平和的心态、适宜的语气指出孩子的缺点。

⑤孩子有困难或遭遇失败的时候。家长不应训斥，应肯定成绩，点拨不足，帮其走出困境。

⑥孩子有较大过失的时候。这时，家长的理解、同情、体谅是孩子最需要的。

⑦孩子对某些事物怀有浓厚兴趣的时候。这时，家长应积极支持、鼓励、激励孩子钻研学习。

⑧有较大集体活动的时候。这是教育孩子遵守纪律，

为集体争光，培养集体观念的极好时机。

⑨他人取得成绩的时候。孩子会暗下决心：“我也要做出成绩”，家长要抓住这一时机，提出适当要求，使其变为持久的行动。

⑩外出做客或有客人来访的时候。应注意保护孩子的自尊心，不“揭短”，多谈优点和长处，并恰当地提出希望。

10 边缘青少年的概念

有三类学生需要特殊对待，这些学生经常与其他学生步调不合，也有着不同的社会背景，这三类学生分别是：天才学生、有学习障碍的学生、辍学的学生。

①天才学生。天才学生不仅仅在学业成绩上表现优秀，而且还能将他们的智力应用到生活的各方面。他们比同龄人早熟、更有社会技能、更有自信、更有责任感、更有自我控制力。但是，天赋本身并不能让天才避免社会障碍和情绪障碍。对于天才学生的教育往往可以采用两种方式：第一种是给天才学生一些通常没有的机会和经历，而不是让他们获得成绩上更高的分数。增加天才学生所学课程内容，全方位地培养和教育。第二种是不要跳级。事实上和同龄的孩子保持步调一致才有利于满足天才学生社会和情感的需要，所以不太建议采用跳级的方式。有些天才学生在班级很少或从未体验过智力的挑战，心理上出现一种在旷废时日的感觉，长此以往容易出现智力停滞、孤独和淡漠。天才学生的特点是可以提出很多问题，在很多的话题上懂得很多知识，对社会问题或政策问题感兴趣，不合群，常感到无聊和无事可

做，精力充沛，富于幻想，有很好的理解能力，喜欢解决问题，对事情如何做和如何处理有自己的想法，喜欢争论。

②有学习障碍的青少年。这种学生从一开始上学就感到困难，很多这类学生看上去很笨，实际上这是学习障碍。学习障碍的学生表现出如下特点：在预期表现和实际表现之间存在很大的差异，这些学生的智力是平均水平或高于平均水平，但是不能表现出其智力该有的水平，学习技能往往比同龄人低很多，他们的学习困难也不属于情感问题或感觉技能障碍。他们会在一个或者多个领域出现困难，但不是由于文化原因造成的。有学习障碍的学生在课内外都会有困难，如在课堂上难以集中注意力、跟不上同学的讨论、不能完成作业等问题。多数学习障碍的同学也有很多不好的学习习惯，如不喜欢写作业、缺课。在课堂外，他们的社交技能比其他同学更差，他们不会推测他人的情绪并作出适当反应，也不会意识到自己对他人的影响。因此，他们喜欢和比自己年龄小的人打交道，因为这些人更顺从，更好打交道。有学习障碍的学生比其他学生更少地参加课外活动，这也许是对学校的失望情绪的反应，应该让他们更多地参与团队，交朋友，丰富课余生活是一种增强其参与意识和求学动机的重要途径。

③辍学的学生。与其他同学相比，辍学的学生更易在学校感觉到失败，留级和旷课也较多。除此之外，学校和家庭条件也有直接关系，家长的教育水平和认知程度很重要，那些家长本身辍学或者家中有哥哥姐姐曾经辍学的学生更容易辍学。父母的教育和经济地位同等重要，那些出身高收入家庭的青少年往往有更广泛的文化经历，有机会上更好的学校，父母也有更多的时间和能力指导学业，他们体验到的家庭压力也较少。辍学也与学生在学校的经历有关，

那些课程作业有困难的、没有通过某门考试的、留级的学生都会有辍学的可能。而且这些学生都没有上大学的打算，也是辍学的原因之一。同龄人对辍学的影响也很重要，辍学同学的小团伙中，大部分的孩子都需要面临较多的家庭冲突与父母管制，他们觉得在学业上低人一等，社交能力也较低。辍学的学生通常的辍学理由都是成绩差、不喜欢学校、和老师有麻烦、经济原因、家庭责任等。虽然自己辍学，但是他们几乎不建议朋友或者兄弟姐妹辍学。

广泛的社会政策改革应该确保每名学生都接受良好的教育，应该因地制宜、因人而异，不让一个孩子掉队。

第六章

青少年常见心理疾病

1 青少年常见的神经症

神经症，亦称神经官能症，它是指非器质性的、大脑神经机能轻度失调的心理疾病。它与神经病最大的区别在于没有器质的、病理的改变，是一组心理障碍的总称。它是心因性疾病，即起病常与个体心理社会因素有关，病前多有一定的心理社会因素和人格基础。它是一种精神障碍，主要表现为各种躯体或者精神的不适、强烈而持久的心理冲突或不愉快的情感体验，患者觉察到或体验到这种不适并力图摆脱却无能为力，因而深感痛苦且妨碍心理功能和社会功能，但没有任何可证实的器质性病理基础。常见的神经症有神经衰弱、焦虑症、癔症、强迫症、恐惧症等。心理因素如工作学习负担过重、困难作业、急性精神刺激、暗示和自我暗示等对其发病起重要作用。

它是精神疾病，不是个别的神经症性症状，也不是持续终身的人格障碍。神经症患者通常感到一种无力自拔的自相矛盾的心理状态，典型体验是：患者感到不能控制他自认为应该加以控制的心理活动，如焦虑、持续的紧张、恐惧、缠人的烦恼、易激怒、胡思乱想、强迫观念等。主要有以下几个特征：

①神经衰弱是一种以脑和躯体功能衰弱为主的神经症，以精神易兴奋又易疲劳为特征，表现为紧张、烦恼、易激怒等情感症状及肌肉紧张性疼痛和睡眠障碍等生理功能紊乱症状。是一种伴随消极的情绪体验，精神过度紧张而出现的一种高级神经症活动的功能紊乱。神经衰弱是一种常见的心理疾病，多发生在青少年求学与就业时期，特别是青少年学生和青年知识分子发病率远比其他人群高。有时发生知觉错乱现象，对极重要的事物会茫然无所知觉，对声音极度敏感，即使轻微的声音也会使其惊恐得心跳、冒汗。这类患者往往忧虑过多，学业、职业、前途、名誉、地位、婚恋等总是盘旋于他们的脑际。在学生群体中，神经衰弱症状大致可分为兴奋型和抑制型。兴奋型表现为持续的兴奋状态，工作或学习易导致精神兴奋，回忆及联想增多且杂乱，经常失眠，生活节奏被打乱，不能控制，对声光敏感，易烦恼，易焦虑，无法集中注意力等。抑制型神经衰弱因大脑皮层常处于持续的抑制状态，终日昏昏欲睡，失眠且无论睡多久仍然感到疲惫、困倦、乏力，常常郁郁寡欢，精神萎靡。患有神经衰弱的学生因极易疲劳而感到一天到晚精力疲乏，注意力难以集中而头昏脑涨，记忆力下降，情绪变化大，学习和工作效率低。

②焦虑症是以发作性或持续性情绪焦虑、紧张为主要特征的神经症。患者的焦虑情绪并非由现实情况所引起，常伴有躯体症状，是一种常见的神经症。患者以焦虑情绪反应为主要症状，同时伴有明显的植物性神经系统功能紊乱。它主要表现为常常无端地感到惶惶不安，心烦意乱，甚至嫉妒惊恐或恐怖，它与健康人平时偶尔出现的焦虑情绪不同。与焦虑情绪相伴的有精神运动性不安，如坐立

不安、心悸、出汗、头晕、恶心、胸闷气短、尿频、手脚发冷、无力等植物性神经功能障碍。一般遇到挫折过于自责、谨小慎微、优柔寡断、敏感多疑和依赖性强的人易产生焦虑症。

③恐惧症是一种对某些特殊处境、物体或在与人交往时产生异乎寻常的、强烈的恐惧或紧张不安的内心体验，从而出现的回避反应。这种反应虽明知其不合理，但在相同场合仍反复出现，难以控制。恐怖的情绪虽由某一确定的事物和情境引起，但这一事物或者情境并不具有任何伤害或者威胁的意义。恐惧症主要有聚会恐惧症、社交恐惧症、动物恐惧症等。

④强迫症也称强迫障碍，是以反复出现强迫观念为基本特征的一类神经症性障碍，出现无法自控的思维或行为，即当事人的行为不受自由意识的支配，主要表现为不由自主地重复自己认为毫无必要的行为。主观上感到某种不可抗拒的、不能自行克制的观念，意向和行为是不必要的或毫无意义的，但就是难以将其排除，症状的出现和内心的对抗冲突过程导致焦虑和痛苦。它主要的表现形式是常不由自主地产生一些念头，内容往往是不合情理、荒诞的，这些念头经常出现在脑海中，并且难以控制。还有的强迫症患者常有些不合情理的习惯性语言或者行为。比如，有的人上下楼的时候会不由自主地数楼梯；一天洗很多次手，必须重复地洗下去，患者本身也很痛苦，但是又不能自制。

⑤抑郁症是一种持久的心境低落状态，常伴有焦虑、躯体不适感和睡眠障碍。它主要表现为对一切事物都不感兴趣，兴趣减退或丧失；对前途悲观失望，认为生活学习工作都前景暗淡，事情已经到了无法挽回的地步；有较强的无助感，患者感到对处境毫无办法，对自己的不幸和痛苦无能为力，并感到别人对他也爱莫能助；

自我评价下降，且伴有自责，甚至罪恶感，常常怨天尤人；感到生活或生命本身没有意义，常有自杀的念头，甚至自杀行为。同时伴有注意力不集中、注意力减退、思考困难、记忆减退、入睡困难、多梦、易醒、食欲减退以及头痛头昏、耳鸣口干、心悸胸闷、腹胀便秘、肢体的异常感觉和各种类型的疼痛。抑郁症多在青少年期起病，患者有治疗要求，无明显的运动性抑制以及幻觉、妄想、思维和行为紊乱等精神病特征。

2 “网瘾”的概念及防治“网瘾”的方法

在许多国家，互联网强迫症已经被确认为心理健康问题，网络成瘾已经成为当今社会的一个热点话题。

网络双重人格不利于个体的健康发展，尤其是青少年，因为这种人格的裂变将直接导致某种心理偏差，如社交恐惧、否定和逃避现实等。同时，它也为社会带来了一些不稳定因素，近年来媒体披露很多的网恋问题、网络信用危机问题等，都是因受害人丧失了自我防御的意识而陷入虚拟的花言巧语中。

因为网络，人们可以轻易地躲进一个虚幻的世界，在那里交友、恋爱、游戏、攻击等，可以为所欲为。人们可以轻易地逃避现实社会，在网络的虚拟世界里随意地扮演着任何一个角色。许多在现实中无法满足的东西，人们都可以在因特网中或虚幻或真实地得到满足，而青少年更可以从以下几个方面得到满足。

平等感，希望获得与成人一样社会地位的青少年在现实中往往会遭受打击。但在网上，社会地位没有任何作用，不论你是教授还是中学生，你的发言权是一样的。

你的话语是否受欢迎没有任何地位的光环作用，只是话语本身是否吸引人。所以，它特别能够受到青少年青睐。

自由感，是青少年渴望上网的另一个原因。在那里可以讲自己想讲的，而不用担心会有老师和家长批评，也可以做很多事情，而不用担心受到惩罚。正应了“网络是个没有警察的大城市”这句话。

满足情感表达和性的需要，因为社会开放程度和社会道德的限制，青少年的情感和性需要往往无法在现实中得到满足，而网络恰好提供了一个最好的机会。

防治“网瘾”的办法：

①充分利用网络教育资源。网络的建立极大地拉近了彼此的距离，缩小了世界的范围和空间，使我们得以充分享受它带来的巨大的教育资源，方便了了解到世界各地先进的教育模式和信息资源。

为此，我们还可以使用更为先进的教育方式来达到我们的教育目标。

②教育学生正确认识和使用网络。我们理应让学生认识到，网络在带来巨大的便利和丰厚的教育资源的同时，也会给成长带来巨大的影响。不正确使用复杂的网络，将会给身心造成巨大的影响甚至伤害。

③控制上网的时间和次数。为了学生免受网络带来的负面影响，一个更为现实可行的办法就是减少他们上网的时间和次数。

④加强学生的自我保健意识教育，采取必要的预防措施。在使用电脑时，让学生注意保护眼睛，操作中常远眺、眨眼、闭目静休，多进行眼睛训练和做眼保健操等。

现实中，人们注意到很多青少年在生活中循规蹈矩，但是在网络中却是截然不同的“另类”。这表明，青少年最容易受到网络双重人格的困扰，使他们的态度发生很大变化，社会化程度受到严重影响，也给个体心理健康带来障碍，甚至表现出明显的攻击倾向和反社会行为。

3 最容易患上“网瘾”的孩子类型

①学习失败的孩子。由于家长、老师对孩子的期望过于单一，学习成绩的好坏成为孩子成就感的唯一来源。此时，一旦学习失败，孩子们会产生很强的挫败感。但是在网络游戏中，他们很容易体验到成功：闯过任何一关都可以得到“回报”，这种成就感是他们在现实生活中很难体验到的。

②学习特别好的学生。不少本来学习好的学生在升入更好的学校后，无法再保持原有的名次和位置，这时，他们对“努力学习”的目的产生了怀疑。按照老师和父母的逻辑，学习是为了“上大学——找到好工作——挣钱”，当他们失去了为“名次”、“位置”等学习的内在动力后，无法认同老师和父母的逻辑。因为，即使不用学习也可以从父母那里得到钱。于是，一些人开始迷恋网络。其实，造成这些孩子依赖网络的根本原因是他们没有形成正确的学习观。

③人际关系不好的孩子。他们希望上网逃避现实。许多学生虽然成绩不错，可是性格内向、猜忌心强，他们小心眼，碰到问题时没能得到及时解决就沉迷于网络，

学习和生活受到严重影响。

④家庭关系不和谐的孩子。随着离婚率、犯罪率升高等社会问题的增多，社会上的“问题家庭”也在增多，这些孩子通常在家里得不到温暖。但是在网络上，他们提出的任何一点儿小小的请求都会得到不少人的帮助。现实生活和虚拟社会在人文关怀方面的反差，很容易让“问题家庭”的孩子“躲”进网络。

⑤自制力弱的孩子。不少上网成瘾者都有这个问题，其本人也知道这样不好，也不想这样下去，但是一接触电脑就情不自禁，这是典型的自我控制力不强。生活中要面对很多选择，选择什么是对，什么是错，选择什么该做，什么不该做。如果将人生的元素尽量简单化，那么人生最重要的事情就是选择，选择的正确率越高，成功率也越大。

4 青少年网络双重人格的概念

人格是一个人所表现的稳定的精神面貌，具有一定倾向性的心理特征。人格结构是多层次、多侧面的，是由复杂的心理特征经独特结合构成的整体。它主要包括以下四个方面：第一是完成某种活动潜在可能性的特征，即能力；第二是心理活动的动力特征，即气质；第三是完成活动任务的态度和行为方式方面的特征，即性格；第四是活动倾向性方面的调整，如动机、兴趣、理想、时间和地点的改变而出现本质的不同。多重人格则不同。我们可以把网络双重人格定义为：个体在网络中和现实中分别具有彼此独立、相对完整的人格，二者在情感、态度、知觉和行为等方面都有所不同，有时甚至是处在剧烈的对立面。

网络中，网民习惯于利用电子文本的方式创造出一个与现实“我”存在某些差距的网络“我”，这个虚拟的个体可能是完全不存在的，所提供的资料都是现实中无法证实的；也可能既具有某些真实个体的特点，也具有某些个体理想化编造出来的因素。个体可能在现实中是积极、友好、顺应社会的人格，但在网络中却可能是消极、攻击、反社会和杂乱无章的人格，同时它们又是相互独立，保持彼此的稳定性。

网络人格的塑造有两个基本的阶段。首先是试探与初步加工。由于网络是匿名的，每个人所说的和所做的无法与现实中的个体建立起严密的一一对应，因此减少了对自己行为所肩负的责任，可以随心所欲地讨论所有的事情。但是，由于缺少对对方的理性理解和基本的感性信息，总是在不断调整和修正的过程中试探对方，所以经常发生误解和错误的沟通。其次是有效塑造自己。由于网络成员已经建立起基于电子文本的信任和有效沟通，因此，在留给对方的初始印象和想象空间的基础上对自己进行包装和加工，完善网络“我”的特点和性格。塑造成功与否，关键在于对方是否认同网络“我”的陈述和表现，对于网络“我”表现的一致性是否予以肯定。事实上，网络交往是否可以深入下去，并不在于现实“我”的诚实度，而在于所塑造的网络“我”是否让人觉得真实可信。

青少年的网络双重人格主要是对网络人格的虚拟化，即凭空想象出自己所希望的、感兴趣的或者好奇的人格特质，并以此作为网络交往的基本个体特点，如同自己真的拥有这些人格一样。久而久之，这种虚拟人格固定下来，在心理上形成某种程度的分离。网络人格一旦形成，往往进入潜意识的层次，使现实人格有时也难以觉察到它的存在。如同多重人格中的后继人格一样，它总会寻找机会展示作为“另一个主体”的“真实”存在，表现出让现实人格也觉得不可思议的行为特点，并强烈抵御企图消灭它的一切努力。

5 青少年心理问题产生的原因

①交际困难造成心理压力。随着社会的发展，学生的交际需求有了很大的提升，从内心里渴望着与他人建立良好的人际关系。然而交往范围的狭小、交际技巧的匮乏等却给正常交往带来了巨大的障碍，使得他们经常陷入交往的误区。正是由于这种高期望值与低成果之间的巨大落差，造成了他们心理上的苦闷。现代青少年的交际困难主要表现为不会独立生活，不知道如何与人沟通，不懂交往的技巧与原则。有的同学有自闭倾向，不愿与人交往；有的同学为交际而交际，不惜牺牲原则而随波逐流。

目前学生多为独生子女，对其教育不当造成了一些负面效果，如任性自私、为所欲为；缺乏集体感与合作精神；缺乏最起码的独立生活及为人处世的能力等，这些势必会给同学间的相处带来隔阂。这时，一方面会导致学生产生自闭偏执等心理问题，另一方面因无倾诉对象，有问题的学生更会加重心理压力，久而久之，变得性格更加孤僻、少言寡语，人际关系敏感、充满敌意，形成忧郁症、交际恐慌症等心理疾病。

②对网络产生过于强烈的依赖性。不少学生一方面因交际困难、无所事事而在网络的虚拟世界里寻找心理满足，另一方面也被网络本身的精彩深深吸引。所以，有些青少年对网络的依赖性越来越强，有的甚至染上“网瘾”，每天花大量时间泡在网上，沉湎于虚拟世界，自我封闭，与现实生活产生隔阂，不愿与人面对面交往。这样日深月广，会影响青少年正常的认知、情感和心理定位，还可能导致人格分裂，误导健康性格和人生观的塑造。迷恋网络还会使人产生精神依赖性，在日常生活和学习中举止失常、神情恍惚、胡言乱语、行为怪异。

③自我意识问题。青少年正处在心理迅速发展并走向成熟的关键时期。他们把目光更多地指向自己的内心世界，深深地关心自我发展，自觉地从各个方面了解和体察自己，塑造自我形象，设计自我模式，更强调独立，有自己的见解，自尊心和自信心、优越感较强，志向远大。然而，青少年自我评价能力不足，缺乏社会经验，容易产生理想和现实的矛盾，自视过高，不能正确评估自己的能力，当他们一旦发现现实生活的我并不是理想中的我时，便会产生心理的不安和痛苦。有的学生对自己的期望值过高，对自己的处境与环境不满，导致内心压力过大，心理失去平衡，这可能带来自卑、抑郁、偏执等心理症状。

6 青少年喜爱记日记的心理原因

进入青春期，随着身心逐渐成熟，智力发展，自我意识的萌发，青少年开始把视线指向自己的内部，指向内部世界和外部世界的关系，加之相应的独立性和自尊心的发展，便失去了儿童时期的外露、直爽、天真，出现了心理活动的闭锁性。这种闭锁性首先表现为出现了“内心的秘密”、“自我交谈”的时候增加了，开始愿意有自己的房间，自己的抽屉要上锁，反感别人随便翻动他的东西，在没人的时候写日记，倾诉内心的秘密。同时，在与人交往中变得不那么坦率了。

记日记几乎是大多数青少年朋友偏爱的表达心声的一种重要形式。很明显，记日记是他们某种程度的自我意识的表露。在社会上处于无力地位的青少年，当不能以一般形式表现他们的热情时，通常只有用向自己的内心倾吐的方式来消除内在的矛盾，这就有了记日记的必要。就日记的特性而言，我们可以看到它有两种矛盾表现：

①告白性和秘密性的矛盾。记日记时，一方面希望有向之倾诉的对象，另一方面又绝对不想让其他人知道。

②真实性与虚构性的矛盾。虽然他们希望能倾吐真情，但却担心暴露自己，所以经常在日记里加上一些虚构的伪装。

在某种意义上可以说，日记具有的以上这两种矛盾特性，反映了青少年写日记的心理。青少年意识到自身的软弱和孤独，一方面想掩饰它，另一方面又希望找到倾诉的对象和安慰者。发现了自我世界的青少年，虽然被家庭成员和朋友紧紧地围绕着，但仍然感到孤独。他们认为，除了与周围人的共同话题之外，对自己来说，本质的问题是谁也不能理解自己。

日记正如一位亲密的朋友，它是倾吐心声的对象，并且它只是一位沉默的忠实的听众，一位听了自己的话绝不向任何人饶舌的理想听众。青少年向他人倾诉虽然能得到安慰，但同时也可能因此而泄露自己的内心秘密。因此，他们既希望有一位能默默听自己陈述心中烦恼并给自己增加力量的对象，又担心随便让别人知道了自己的秘密。

7 自卑儿童不健康心理的表现

①常年情绪低落。如果孩子常常无缘无故地郁郁寡欢，那很可能就是自卑心理使然。

②过度怕羞。儿童特别是女童略有怕羞纯属正常，但如怕羞过度（包括从来不敢面对小朋友唱歌，从来不愿抛头露面，从来不敢接触陌生人等），则可能内心深处隐含有强烈的自卑情绪。

③拒绝交朋结友。一般而言，正常儿童都喜欢与同龄人交往，并十分看重友谊，但具有自卑心理的孩子绝大多数对交朋结友或兴趣索然，或视之为“洪水猛兽”。

④难以集中注意力。自卑感强的儿童在学习或做游戏时往往难以集中注意力，或只能短时间地集中注意力。

⑤经常怀疑他人。自卑儿童对家长、教师、小伙伴给自己的评论往往十分敏感，特别是对别人的批评，更是感到难以接受，甚至耿耿于怀。

⑥过分追求表扬。自卑儿童尽管自感低人一等，但往往又会反常地比正常孩子更追求家长和教师的表扬，而且可能采用不诚实、不适当的方式，如弄虚作假、考试作弊等。

⑦贬低、嫉妒他人。自卑儿童的另一不良反应是：常常贬低、嫉妒他人，如可能为邻桌受到老师表扬而咬牙切齿甚至夜不能寐。心理学家认为，这是他们为减轻自己因自卑而产生心理压力设计的宣泄情绪的渠道，尽管这往往并不奏效。

⑧自暴自弃。大多数自卑儿童往往会表现为自暴自弃、不求上进，认为反正自己不行，努力也是白费。更有甚者，还可能表现出自虐行为，如故意在大街上乱窜、深夜独自外出、生病拒绝求医服药等，似乎刻意让自己处在险境或困境之中。要是遭到家长指责，便以“反正我低人一等”当成是自己的合理化解释。

⑨回避竞争、竞赛。虽然有的自卑儿童十分渴望在诸如考试、体育比赛或文娱竞赛中表现优秀，但又无一例外地对自己的能力缺乏必要的自信心，因而断定自己绝不可能获胜。由此，绝大多数自卑儿童都是尽量回避参与任何竞赛，有的虽然在他人的鼓励下勉强报名参赛，但往往在正式参赛时又会临阵逃脱，甘当“逃兵”。

⑩语言表达较差。据专家统计，高达 8 成以上自卑儿童的语言表达较差。他们或表现为口吃，或表述不连贯，或表达时缺乏情感，或词汇贫乏等等。

⑪对挫折或疾病难以承受。自卑儿童大多不能像正常儿童那样承受挫折、疾病等消极因素带来的压力，每每遇到小小失败或小小疾病便“痛不欲生”，有时甚至对诸如搬迁、亲人过世、父母患病等意外都感到难以适从。

8 儿童孤独症的概念及其治疗方法

儿童孤独症是一种广泛性发育障碍，其特点是个体社会人际交往和沟通模式的质的异常，包括在各种场合的多种功能活动，如社会交往、言语表达障碍、狭窄的兴趣范围、刻板等行为方式。社会交往障碍社会交往缺陷是孤独症的核心。有的患儿在婴儿期就表现出避免与他人目光接触，也缺少面部表情。当别人要抱他时，往往不会像正常儿童那样伸出双手表现出期待别人抱起的姿势。拒绝别人的拥抱，当与父母离别时无明显的依恋表情，见到父母时又无愉快的表示，见陌生人也类同见到父母的表情，有时呼唤其名字，也时常不理会、无反应，以致使人怀疑其是否[illegible]听力问题。言语发育障碍十分常见，亦较严重。

儿童孤独症的诊断标准：

通常起病于3岁以内。

（1）接触交往障碍

①不能用注视、表情、姿势或手势进行交往；

②不能与其他孩子建立伙伴关系；

③遇到挫折时，不会寻求支持或安慰。当别人遇到

挫折时，也不会主动给予别人支持和安慰；

④不能对集体的欢乐产生共鸣。

（2）言语交往障碍

①言语发育延迟或不发育，以手势或其他形式代替言语交流的倾向；

②如有某种程度的言语功能，也缺乏主动的或持续的言语交流；

③刻板重复地使用某些词语，或别出心裁地使用某些词语；

④言语的声调、速度、节律、重音等方面的异常。

（3）兴趣和活动异常

①兴趣刻板、狭窄；

②对某种东西特别依恋。

孤独症患儿没有言语来表达他的要求，有时用尖叫和发脾气来表达。为防止这种情况，不要在患儿尖叫或发脾气时满足他的要求。

与孤独症患儿谈话时尽量使用简单明确的言语。

语言障碍将影响患儿的社会适应能力，因此要尽力去训练，从以下几方面入手：

①呼吸训练。在行为中加入由口吐气的动作，这样才能顺利进行发声训练。在训练中要反复示范，及时给予正性强化。

②口型和发音训练。让患儿很快学会模仿口型和发音较为困难，可先让他模仿一些身体大动作开始，逐步过渡到口型发音的模仿。对患儿来自特别训练之前的偶然发音要立即给予鼓励，以增加自动发音的频率。

③单词训练。从模仿说出实际物品的名称开始，物品最好选择

患儿感兴趣的食品或玩具，能说出实物名称时可过渡到卡片。对一些动词，可通过动作去学习。

④说句子训练。可利用患儿的一些要求进行，句子开始要简短，之后逐渐延长，最后加入一些表示礼貌和客套的词。

⑤复述和对答能力的训练。可训练患儿听训练者念句子或文章，然后正确加以模仿和复述，在患儿能复述20字以上后，可利用图书或日常情景训练他的对答能力。

⑥朗读文章及表达能力训练。对于已经入学或认识一些文字的患儿，可让他朗读一些有简单文字说明的图画书或配有一定图解的故事，然后请他复述故事并针对故事内容进行提问。

⑦语言理解能力训练。在单词训练阶段即可开始语言理解训练，如利用让患儿从若干卡片中选择出要求的卡片来进行。

⑧文字训练。用文字卡来进行训练，目的是使患儿除了认识文字外还会将文字与读音结合起来。

患儿沉默不语或较少使用语言，倾向于用手势或其他形式来表达他们的愿望和要求。言语运用能力很差，不会主动与人交谈，常会自顾自地说话，且话语常用代词，或为刻板重复的言语和模仿言语。言语音调、节奏的障碍表现为自我刺激地使用言语，常会尖叫，哼哼或发出别人不能听清或不可理解的“话”，或者自言自语，也称为“自我中心语言”。非语言性交流是常用手势或姿势语言，或用点头、摇头或其他面部表情来表达某种需求。

兴趣范围狭窄以及刻板、僵硬的行为方式，倾向于要求固定不变，偏好刻板固定的生活行为方式。不寻常的兴趣和非同一般的游戏方式，即常会对某些物件或活动的特殊迷恋，对迷恋物件会终日拿着，数十天如此。刻板、重复的行为和特殊的动作姿势，常独自来回踱步、自身旋转、转圈走、重复地蹦跳，最常见的姿势是将手置于胸前凝视，常会出现自伤、自残性质的动作。还会反复触摸光滑物体，常会将物品先在鼻前嗅一下，甚而对常见物也要先嗅一下。感觉和知觉的异常表现为感觉和知觉过弱、过强或不寻常，有的患儿对疼痛刺激反应迟钝。智力和认知缺陷，约有3/4的患儿智力落后，有些孤独症患儿有某些特殊能力，如对路线、数字、地名、人名的不寻常记忆力和对日期推算和速算的能力。

孤独症产生的原因有以下几个方面：

①遗传因素。有研究显示，遗传因素是易患本症的因素。单卵双生儿孤独症的一致性为90%以上，双卵一致性为24%。本症患儿的同胞患孤独症较正常人高3～4倍，提示本症与遗传因素相关。

②脑器质性因素。本症患儿有围生期损害史、脑电图异常、神经系统软体症以及癫痫发作较多见，少数病例CT头颅扫描提示脑室扩大；磁共振影像检查见部分患儿小脑蚓部发育不全，故认为本症与中枢神经系统异常所致功能障碍有关。

③神经生化因素。儿童行为与神经递质密切相关。

9 抑郁症的概念

抑郁症的临床表现除情绪低落外，还有如下几点：

①情绪障碍。心境不良、情绪消沉，或焦虑、烦躁、坐立不安；对日常活动丧失兴趣，丧失愉快感，整日愁眉苦脸、忧心忡忡；精力减退，常常感到持续性疲乏；认为活着没有意思，严重者感到绝望无助、生不如死、度日如年，大部分患者有结束自己生命的意念。

②思维缓慢及自我评价降低。表现为思考能力下降，患者常常感到思维变慢，脑子不好使，各方面能力都下降，常常自疚自责，自我评价过低。明明学习工作很好，却对自己事事不满意，将自己过去的一些小错误、小毛病都说成是滔天大罪，甚至认为自己罪该万死，是导致自杀、自残的主要因素。

③精神运动迟缓。患者精神运动明显抑制，联想困难、言语减少、语音低沉、行动缓慢。有时闭门独处，淡漠亲情，无力学习、工作，不能料理家务，严重者不语、不动、不吃、不喝。

④其他症状。患者常常出现食欲、性欲明显减退，明显消瘦，体重减轻；失眠严重，多数入睡困难，早醒，

醒后无法入睡，抑郁症常表现有晨重夜轻的规律。情绪反应不仅表现在心境上，而且总是伴有机体的某些变化，如口干、便秘、消化不良、胃肠功能减弱，或全身不定部位的疼痛，有时因躯体症状突出而掩盖了抑郁症状，造成一时误诊。

抑郁症产生的原因如下：

①遗传因素。如果家庭中有抑郁症患者，那么家庭成员患此病的危险性较高。当然，遗传并不是具有唯一决定性的患病因素。

②环境因素和应激。人际关系紧张、经济困难或生活方式的巨大变化，都会诱发抑郁症。有时，抑郁症的发生还与躯体疾病有关。一些严重的躯体疾病，如脑中风、心脏病发作、激素紊乱等常常引发抑郁症，并使原来的疾病加重。另外，抑郁症患者中有1/3的人有药物滥用的问题。

③性格因素。有下列性格特征的人很容易患上抑郁症：遇事悲观、自信心差、对生活事件把握性差、过分担心。这些性格特点会使心理应激事件的刺激加重，并干扰个人对事件的处理。这些性格特征多是在儿童少年时期养成的，这个时期的精神创伤影响很大。

④生物化学因素。证据表明，脑内生化物质的紊乱是抑郁症发病的重要因素。现在已知抑郁症患者脑内有多种神经递质出现了紊乱，抑郁症患者的睡眠模式与正常人截然不同，另外，特定的药物会导致或加重抑郁症，有些激素具有改变情绪的作用。

10 阅读障碍的概念

阅读障碍是学习障碍的一种，主要表现在小学阶段。家长和老师发现有些孩子读课文时结结巴巴、丢字落字、错字错行，还以为是孩子看书不认真造成的，就经常训斥或讥讽孩子。其实，孩子的这种行为不是态度问题，也不是智力问题，而是学习能力的发展不足造成的。

孩子常见的阅读障碍表现在以下几个方面：

①阅读习惯不良。例如，朗读时摇头晃脑、情绪不安或读书不知读到何处，或用手指着字读，或捧书太近或太远，或头部歪斜、书本歪斜。

②朗读声音控制。朗读声音过高或过低、音色单调、声调过高或过低、不能清晰地发音。

③朗读错误。朗读时添加字词、遗漏字词、重复字词、某些字词用其他字词代替、经常自己错了又纠正等。

造成阅读障碍的原因是多方面的：

①首先是生物学方面的因素。例如，视觉功能障碍，眼球振动不平衡，就造成读书时跳字、串行等；听觉功能障碍，造成读而不闻，读而不懂。另外，如失语症、大脑麻痹、智力迟钝和运动失调等大脑神经功能障碍也

会造成阅读困难。

②其次是情绪因素造成的。例如有的孩子有严重的胆小、自卑情绪，不敢在课堂上朗读，结果越来越有障碍。还有的孩子非常敏感，对别人的评价特别在意，生怕读错了引起同学笑话，所以，朗读时忧心忡忡，不能够轻松流畅地阅读。

③再次是教育方法问题。对于那些智力或能力低的孩子，如果家长和老师一味地逼着孩子练习阅读，而不是用科学的方法进行特殊训练，长时间不见成效，孩子就会产生很大的心理压力，对阅读更加有抵触情绪，甚至产生厌烦心理。而对于智力和能力高的孩子，如果仍然让他们重复简单的课文，他们也会变得敷衍了事。

11 多动症的概念

多动症是一种以难以集中注意力、行为冲动和活动过度为主要症状的精神病综合征。这种病的发病多动症是儿童多动综合征的简称。儿童多动综合征即轻微脑功能障碍综合征，是一种比较常见的儿童心理障碍综合征。患儿智力正常或接近正常，活动过多（部分病例无活动过多的表现），注意力不集中，情绪不稳，冲动任性，并常伴有不同程度的学习困难。目前，国外一般把儿童多动症称作儿童注意障碍多动综合征（Attention Deficit - Hyperactivity Disorder，简称 ADHD）。关于 ADHD 的认识和观点有两种看法。一种是从广义来说，凡各种有实质性损害的大脑疾病，先天性脑发育不全以及精神病、贫血、铅中毒等表现的多动、注意障碍、冲动任性、认知能力或协调动作障碍等症状统称为"多动综合征"。它是继发性的多动综合征，也是一个多病因所致的临床综合征。另一种是狭义的定义，认为 ADHD 儿童并无明显的大脑实质性损害，其智力正常，找不到明确病因，但有轻微脑功能障碍，而且有不同程度的学习困难或行为障碍。突出表现为自我控制能力差、注意力不集中，活动过多、情绪不稳、冲动任性，有感知、认知、语言或协调动作等障碍。

多动症产生的原因有以下几点：

①脑神经递质数量不足。有人认为，多动症的发生可能是由于脑神经递质数量不足，信息不能及时传递而造成的一种病态。脑内神经递质（如去甲肾上腺素、多巴胺）浓度降低，可降低中枢神经系统的抑制活动，使孩子动作增多。而治疗多动症的药物，其化学结构与去甲肾上腺素相似，服药后，可通过各种途径增加去甲肾上腺素的含量，使患儿动作减少。因此，多动症患儿必须通过服药治疗。

②脑组织器质性损害。大约85%的患儿是由于额叶或尾状核功能障碍所致，包括母亲孕期疾病：高血压、肾炎、贫血、低热、先兆流产、感冒等；分娩过程异常：早产、钳产、剖宫产、窒息、颅内出血等。出生后1～2年内，中枢神经系统有感染及外伤的患儿，发生多动症的机会较多。

③遗传因素。大约40%多动症患儿的父母，其同胞和其他亲属，在其童年也患此病，单卵孪生儿中多动症的发病率较双卵孪生儿明显增高，多动症同胞比半同胞（同母异父、异母同父）的患病率高，而且也高于一般孩子。

④其他因素。近年，许多独生子女家长望子成龙，由于教育方法不当及早期智力开发过量，使外界环境的压力远远超过了孩子所能承受的程度，是当前造成儿童多动症（注意力涣散、多动）的原因之一。另外，儿童吃了食物中的人工染料，摄入含铅量过度的食物（不一定达到铅中毒）也会导致多动。

此外，国内资料表明，在多动症患儿的不良家庭教育方式中，家长中所谓的“严格管教者”占61.7%，“放任不管者”占3.5%，“过分溺爱者”占7.05%。国外也有学者认为，暴力式的管教，会

使患儿症状发展，并增加新的症状，如口吃、挤眉、眨眼。而对患儿漠不关心、放任自流和过于溺爱等，常可能促使症状出现，或使已有的症状加重。

患有多动症的儿童的表现会随着年龄、所处环境和周围人的态度的不同而有差别，一般表现为：

①活动过度。大多数多动症患者从小就表现得兴奋多动，不能静坐。进入学校以后，由于受到各种限制，他们的多动症状表现得更加明显，在课堂上不能安静听课，他们摇椅转身，离开座位到处走动，叫喊或讲话，挑逗别人，影响课堂秩序。放学后到处乱跑，喜欢翻东西，经常在大人谈话时插嘴和干扰大人活动，不爱惜图书和玩具。

②难以集中注意力。多动症患儿很难将注意力集中到某种事物上，特别是在课堂上不能专心听讲，注意力涣散，容易受环境的干扰而分心，在课堂上东张西望、心不在焉或凝视发呆。对老师布置的作业记不住，做作业时粗心大意，边做边玩，随意涂改，很难按时完成作业。

③任性冲动，情绪不稳。由于自我控制能力较差，患儿往往会因为一点小事就产生过分的情绪反应，容易激怒或情绪冲动，脾气暴躁。因此，往往会因微小的刺激而发生危险的举动和破坏行为，常与同学争吵或打架，或者无故在教室中乱喊乱叫等。

治疗的办法有如下几种：

①药物治疗。只有当多动症较为严重地影响孩子的学习，干扰家庭及学校秩序时，才需要药物治疗。药物治疗必须遵医嘱。

②环境治疗。通过改变父母、教师及社会对患者的态度来改善环境，达到治疗效果。

12 预防孩子患多动症的方法

①逐步减少孩子的多动行为。

②让孩子参加丰富多彩的文体、社会活动，使他们能有机会宣泄过剩的精力。

③鼓励孩子的安静行为，用口头表扬、鼓励等强化方法逐步培养他们养成能静坐、能集中注意力学习和做事的习惯。

④培养孩子形成良好的生活习惯。应该让他们从小养成按时作息、起居的生活习惯，保证充足的睡眠时间，并从有规律的生活中培养他们形成一心不二用的好习惯，例如，吃饭时不看电视等。不迁就孩子的某些兴趣，例如，不能无限制地让他们长时间看电视或电影等。

⑤消除家庭中导致多动症的不良刺激或精神紧张因素，协调家庭关系，缓和家庭气氛，防止因家庭因素使孩子心神不宁、焦虑紧张和兴奋。

⑥规矩简单、明确。对这类孩子进行要求的要点是，防止他们的鲁莽行为损伤自己或危害别人，因此，所定的规矩能达到这种目标就行，不宜制定过多的清规戒律。

13 青少年犯罪的原因

（1）主观原因

从主观而言，青少年正处于生理、心理逐渐走向成熟的时期，尚未形成正确的世界观和正确观察社会的意识，意志品质薄弱，容易受到各种不良风气和坏思想的影响，养成“哥们义气”、“享乐主义”等种种不良习惯和不正确思想，并具有强烈的冲动性、教育引导的不当，极易走上犯罪道路。

（2）客观原因

①社会风气的不良影响。由于我们工作中忽视了思想教育，加上社会上腐败现象的影响，部分青少年对社会产生怀疑和矛盾心理，失去了是非观念，甚至对正确的价值观也持怀疑态度。

②外来腐朽思想和文化的腐蚀在青少年中产生了不良影响。青少年身心正处于成长发育阶段，吸收能力强，而批判、辨别能力差，容易把坏的当成好的去仿效和追求。加之我们缺乏正确的引导，促使他们为追求物质精神享受而不惜铤而走险，进行违法犯罪活动。

③就业困难，使无所事事的青少年有时间去违法犯

罪。现代化的生活促使青少年成熟的比较早，有些人在十五六岁就具有成年人的思维能力和生活要求。他们成熟之后，在生活上就有了独立的愿望。他们容易经常“自我设计”，处处以自我为中心，要求周围的人尊重他、理解他，希望自己成为对社会、对家庭有用的人。就业除经济意义之外，还反映出他们一种精神方面的需要。这个问题一旦得不到解决，他们就会产生消极的心理反应，生活的困难是一方面，更重要的是他们感到自己正当权利没有得到保障，产生反抗心理。

④家庭因素。家长在教育、制止和挽救青少年犯罪方面的作用是非常重要的，但由于受自身素质的限制或教育不当等多方面的原因，有些家长非但不能很好地教育子女，甚至成为青少年走上犯罪道路的引路人。犯罪青少年的家长知识层次较低，绝大多数只有初中以下文化程度，文盲占了其中相当多的一部分，职业多以农民个体户或无正当职业为主。这样就制约了其对子女的教育，容易走上教育的两个极端：一是过分溺爱，造成青少年以我为中心的心理畸形，为所欲为，容易走上犯罪道路；二是任意打骂，使孩子感受不到家庭的温暖，缺少与父母的沟通，容易和社会上的流氓混在一起，走上犯罪道路。

⑤学校因素。学校是对青少年进行教育的主要阵地，但由于存在一定的问题，非但没有完成对青少年的教育任务，而且对青少年犯罪起到了一定的推波助澜的作用。其存在的问题主要有以下几点：一是只注重基础知识的教育，缺乏法律常识、道德知识方面的教育，缺乏培养青少年形成正确世界观的教育，缺少根据青少年特点提高其心理素质的教育；二是以成绩的好坏来评定一个学生的好坏，对成绩差的学生缺乏管理，甚至不愿管理；三是个别教师由于

素质较低，教育时不顾青少年的心理承受能力，任意伤害其自尊心，甚至打骂学生，使学生产生厌学情绪，最终脱离学校，走上犯罪道路；四是学校所起的表率作用不够，一方面要求学生同违法犯罪作斗争，另一方面又不能及时处理善后事宜。

⑥社会因素。整个社会没有形成一种关心爱护青少年、制止青少年犯罪，挽救失足青少年的好风气，很多人不根据青少年的特点去理解其思想行为的表现，以一种以大压小的态度对待青少年，或者视青少年为弱者，对其进行欺负和利用。对失足青少年更是采取了歧视的态度，甚至不愿给其重新做人的机会，在就业、入学方面设置了重重障碍，使失足青少年再度滑向犯罪的边缘。

14 预防青少年犯罪的方法

（1）预防或排除产生犯罪的因素

各级党和政府必须把预防青少年犯罪的工作提到议事日程上来，重视青少年犯罪的巨大危害性，抓住青少年的心理特点，社会、家庭、学校齐抓共管，积极培养他们热爱祖国、热爱人民、热爱劳动、热爱学习的兴趣和习惯，要求他们树立法律观念，增强法制意识、道德意识，为青少年的健康成长创造良好的社会、精神环境。

（2）要进一步提高对“扫黄”工作的认识

要采取强硬、得力的措施，做好“扫黄”工作，彻底清除这些精神鸦片，杜绝黄源。要大张旗鼓地宣传社会主义精神文明建设，用社会主义文学占领文艺阵地，丰富人民群众的文化生活，使青少年在健康的环境中成长，使他们培养正确的人生观、价值观。

（3）要广开就业渠道，扩大就业门路

最大限度地解决待业青年及“两劳”人员的就业安置工作，解决他们在实际生活中存在的问题。

（4）要加强政法队伍建设

提高政法人员的政治素质、业务素质，增强破案能

力，加快办案速度，及时从重从快处理严重违法犯罪分子，震慑犯罪。同时，加强劳改工作，使劳改人员在劳改期间学习法律，经常对他们进行共产主义人生观教育，使他们悔过自新，重新做人。

（5）学校要坚决贯彻德、智、体全面的教育方针

坚持把德育放在首位，把学生培养成有理想、有纪律、有文化、有道德的社会主义新人。对差生多给予指导，要看到他们的长处，教师要经常给他们讲理想、讲人生、讲奉献，不能对他们讽刺、挖苦，更不能一发现错误就将他们赶出校门，把隐患留给社会。同时，要进一步改进教育方法，提高教育质量，严肃校纪，培养出德才兼备的社会主义人才。

（6）家庭要担负起预防青少年犯罪的主要责任

①观察少年的一言一行。一般情况下，少年犯罪都有前兆，家长如果细心观察及时制止就可以将犯罪消灭在萌芽状态。

②多与孩子谈心。如果家长能够做孩子的朋友，及时和孩子进行沟通和交流，或许就会避免许多不该发生的人生悲剧。

③ 别怕家丑外扬。家长应克服虚荣心理，将孩子的不良言行告诉教师和邻居们，通过相互配合，在孩子的周围形成一个监督圈，通过各方面的督促、引导，使孩子改邪归正，健康成长。解决青少年犯罪的问题已刻不容缓，全社会应该关注和关爱青少年的成长，使他们在一个健康的环境中充分发挥青少年的优势，为社会的进步和发展、构建和谐社会贡献自己的力量。

第七章

青少年常见生理疾病

1 近视眼的预防与治疗

近视眼是我国的常见疾病，不仅青少年近视眼的患病率在逐年升高，而且有向低龄化、高度数发展的趋势。随着升学压力的提高，电脑、平板、手机等电子产品的普及，威胁青少年视力的问题还在持续增加，而中小学生视力下降，是当前影响青少年健康的一个重要问题，甚至关系到整个民族健康素质的提高。如何切实有效地防治近视、保护青少年视力，是当前急需解决的大事，也是需要人人皆知、人人参与的大事。

视力是眼睛能力的表征，视力的好坏主要取决于能否准确地在视网膜上聚焦，以及大脑与眼睛生理机能的健全与否。在放松的状态下，平行光线经眼球屈光系统后聚焦在视网膜之前，称为近视。近视眼也称短视眼，只能看近而不能看远，在休息时，从无限远处来的平行光经过眼的屈光系统折光之后，在视网膜之前集合成焦点，在视网膜上则结成不清楚的象，导致远视力明显降低，但近视力尚正常。

导致近视，不外乎内因与外因两方面的共同作用。就内因而言，有遗传和发育两种因素，受遗传因素影响者，患病年龄较早，度数多在600度以上；受发育因素影响者，主要因其婴儿时期眼球较小，随着年龄增长，眼轴加长，发育过度则形成近视眼。但对于青少年近视来说，还是以外因，即环境因素作用为主，因为青少年的日常活动主要是读书、学习，看近物的时间居多，视网膜接受刺激的机会大。若最初没有养成良好的用眼习惯，随着年龄的增加，眼轴日渐增长，度数自然也一直加深。到了青春期，屈光度增加的速度到达高峰期，即变成了深度近视。

青少年要远离近视，自然要从培养良好的学习生活习惯入手。包括不用不洁净的手或毛巾揉眼；保持正确的坐姿；阅读中经常保持适当距离；自我控制使用电子产品的时间和频率；保证在拥有良好照明条件的环境中读书等。

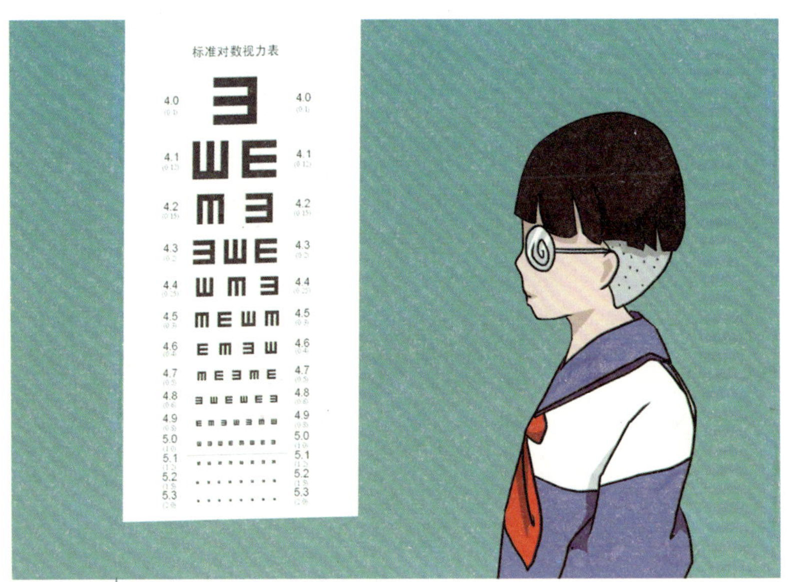

针对以下7种近视状态，有不同的预防及矫正方式，只有对症下药，才能减缓近视程度的加深，提高眼睛的健康水平：

（1）无近视或假近视，视力时好时坏

该情况应用散瞳验光进行确诊，确诊后应限制看书时间、纠正写字距离，要求距离>30cm，同时看电视、电脑、书籍每小时休息5～10分钟，严禁趴着看、偏头看。如有能力使用远化镜进行辅助治疗，则可适当放松对看书姿势、时间及距离的控制及要求，或者使用眼灵敏度协调仪、谐振镜等，增加眼灵敏度。

（2）50～225度近视

该情况应用散瞳验光进行确诊，确诊后应及时佩戴眼镜，首次视力矫正到1.0，复诊矫正到1.2即可，应注意的是，这时所佩戴的眼镜仅看远（如看电视、黑板等）时使用。除此之外，每半年应验光一次，动态观察近视变化，发展较快时，用K型远化镜抵消看近调节，并矫正写字姿势。

（3）250～500度近视

该情况应用散瞳验光进行确诊，确诊后佩戴眼镜，此时佩戴的眼镜以整日佩戴为宜，视力矫正到1.2即可。配眼镜时首选贴片式或自动式远化境，可加用眼灵敏仪，增强治疗效果。

（4）600度以上高度近视

该情况应用散瞳验光进行确诊，确诊后佩戴眼镜，此时佩戴的眼镜同样以整日佩戴为宜，视力矫正到1.0即可。看书、写字、看电视电脑时，用贴片式远化镜或自动远化镜效果更佳，同时可酌情加用眼保健操仪或谐振镜（在眼底无明显变性的情况下），增强治疗效果。

（5）近视发展快（每年发展超过100度）

佩戴眼镜，以整日佩戴为宜，视力矫正到1.2即可。治疗时首选近视灵敏度仪，加用贴片式远化镜或台式远化镜效果更好。

（6）高度近视伴弱视（<8岁）

近视治疗，佩戴眼镜，以整日佩戴为宜，视力需矫正到最高；弱视治疗，尽可能治到1.0以上，有助预防高度近视引起的眼底出血、视网膜脱离及失明等情况。有能力者需戴远化镜，加用眼保健操仪，治疗效果更佳。

（7）近视伴有200度以上的散光（或以散光为主的近视）

佩戴眼镜，将视力矫正到1.2即可，10岁以下以整日佩戴为宜，10岁以上可平时不戴，看远时戴。治疗首选眼灵敏度谐振镜（扩张眼球并缓解散光），有能力者可加用贴片式远化镜，治疗效果更佳。

2 脊柱弯曲异常的预防与治疗

脊柱弯曲异常是我国青少年群体中常见的一种疾病，在中、小学生中尤为严重。具体症状表现为脊柱的一个或数个节段在冠状面上偏离身体中线向侧方弯曲，形成一个带有弧度的畸形脊柱，通常还伴有脊柱的旋转和矢状面上后突或前突的增加或减少，同时肋骨左右高低不等平、骨盆的旋转倾斜畸形和锥旁的韧带、肌肉的异常，它是一种症状或 X 线体征，可由多种疾病引起，通常发生于颈椎、胸椎或胸部与腰部之间的脊椎，也可单独发生于腰背部。

脊柱弯曲的后果非常严重，不仅会影响青少年的体态、体力，甚至会影响其体内脏器的正常发育，严重者还会导致服兵役和某些专业的报考受到一定限制。

那么，造成脊柱弯曲异常的主要原因有那些呢?

（1）姿势不正

如果学校课桌椅的高矮和学生身材不相适应，很容易导致骨骼发育过程中的青少年脊柱弯曲异常。课桌过高可使身体长期偏于一侧，使脊柱两侧的肌肉和韧带功能失调，形成脊柱侧凸；课桌过低可使脊柱后凸而形成驼背。有时课桌椅高度虽然适合学生身材高矮，但学生没有形成良好的读写习惯，不注意正确读写姿势的培养，时间久了，同样也可能引起脊柱弯曲异常。

(2) 缺乏体育运动和体力劳动

适当地参加体育运动和体力劳动对于平衡脊柱两侧的肌肉有着重要作用。调查证明，在同类学校中，体育运动开展得较好的学校，发生脊柱弯曲者较少；而体育运动开展得差的学校，学生脊柱弯曲者则较多。

(3) 营养不良和疾病

营养不良和某些疾病也有可能导致脊柱弯曲异常，例如，缺乏维生素 D 和钙使骨质松软、肌肉松驰无力，造成佝偻病性驼背；患有脊柱结核、骨盆倾斜等都可引起驼背或侧弯。

脊柱弯曲异常所表现出的症状也并不一致，其中，按弯曲异常的方向分，可分为脊柱侧弯、脊柱后凸、鞍背及直背：

脊柱侧弯，即部分脊柱棘突偏离身体中线称脊柱侧弯，有左侧凸、右侧凸及S形弯，可发生于胸段、腰段及胸腰段；

脊柱后凸，指胸段脊柱后凸超过生理曲线范围者；

鞍背及直背，腰部过于前凸的为鞍背，生理胸曲消失者为直背，此两种情况较为少见。

按弯曲异常的性质分，又可分为姿势性脊柱弯曲及病理性脊柱弯曲：

姿势性脊柱弯曲，通常是由于学习、工作姿势不正确或缺乏体育锻炼所致。如果肌肉、韧带和骨骼尚未变形，经过矫正操后弯曲可完全消失；若肌肉韧带和骨骼已变形固定，此时弯曲难以矫正，称结构性脊柱弯曲异常。

病理性脊柱弯曲异常，由各种疾病，如脊柱结核、佝偻病、小儿麻痹或外伤等所致，又称继发性脊柱弯曲异常。脊柱侧弯分度，可按弯曲与中轴线的最大距离而分度，在学校卫生工作中，大部分为Ⅱ度，即侧弯小于1.0厘米，不作侧弯诊断；侧弯1.1~2.0厘米，为Ⅰ度；侧弯2.1厘米以上，为Ⅱ度。

既然脊柱弯曲异常有如此严重的后果，又十分常见，那么，应该如何防治呢？

①防止脊柱弯曲异常应从小做起，注意培养青少年正确的读、写姿势；

②学校和家庭都要配备适宜青少年身体结构的课桌椅，这是保证正确读书姿势的基本条件。此外，青少年读书写字时要求左侧采光，上学往返最好使用双肩书包，避免书包过重，避免持久性单肩用力或负重；

③鼓励青少年加强体质锻炼和体力劳动，促进肌肉发育，除上

好体育课、做广播体操外，每天都应坚持1小时左右的体育锻炼，并要达到一定的运动量，体育锻炼的内容要多样化，还要在全面锻炼的基础上，尽量多参加一些诸如单双杠、跳箱、平衡木等活动项目，对预防脊柱弯曲有良好作用；

④通过健康教育，使其认识到正确体姿和运动习惯对一生健康和良好体力的重要影响，从而真正在思想上提高自觉保健意识；

⑤组织定期检查，做到早期发现习惯性姿势弯曲，并尽早进行矫治。

一旦发现脊柱弯曲异常的情况，要及时进行矫治，比如，学习做脊柱弯曲矫正操。

脊柱弯曲矫正操的基本原则是根据脊柱弯曲的性质、方向、部位进行分组，伸展脊柱，使脊柱经常向变形的相反方向弯曲，从而增大脊柱的活动范围，增强脊柱周围肌肉的力量，以使脊柱恢复和维持正常的体位。做操时，动作要缓和而有弹性，才能起到良好的效果，不至于导致其他损伤。

除做矫正操外，还要配合单双杠、平衡木、体操棒等及其他运动项目的锻炼，要做到持之以恒，万不可半途而废。

习惯性脊柱弯曲经矫治2～3个月后，多数可以恢复正常，固定性脊柱弯曲则需要更长的时间。恢复正常以后，仍需坚持锻炼，使矫治效果得到巩固。

3 龋齿的预防与治疗

龋齿病，俗称虫牙、蛀牙，是细菌性疾病，可以继发牙髓炎和根尖周炎，甚至能引起牙槽骨和颌骨炎症。如治疗不及时，导致龋洞的形成，最终可至牙冠完全破坏消失，甚至失去牙齿。

龋齿按其程度轻重分为五度，表现各异：一度龋齿称牙釉质龋，无主诉症状，釉质表面可见灰白色菌斑；二度龋齿称牙本质浅层龋，牙对酸甜刺激敏感，有疼痛感，去除刺激物可止痛；三度龋齿称牙本质深层龋，牙髓质出现，无菌性炎症，根尖周围病变，冷水刺激可引起疼痛；四度龋齿称残冠，牙冠大部分被破坏，牙髓感染，根尖出现脓肿，牙已不可救药；五度龋齿称残根，根尖发生肉芽肿，发展到这一程度，拔牙十分困难。

龋齿特点是发病率高，分布广，是口腔主要的常见病，也是人类最普遍的疾病之一，对于青少年来说，爱吃甜食、冷饮，睡前起后包括饮食前后不及时刷牙、漱口，没有良好的口腔卫生习惯等都容易导致龋齿的产生。

从专业角度说，目前公认的龋病病因学说是四联因素学说，主要包括细菌、口腔环境、宿主（即指寄生物包括寄生虫、病毒等寄生于其上的生物体）和时间。其基本点为：致龋性食物糖（特别是蔗糖和精制碳水化合物）紧紧贴附于牙面，由唾液蛋白形成获得性膜，这种获得性膜不仅可以牢固的附着于牙面，而且可以在适宜温度下，有足够的时间在菌斑深层产酸，侵袭牙齿，使之脱矿，并进而破坏有机质，产生龋洞。

①细菌。细菌是龋病发生的必要条件，一般认为，致龋菌有两种类型，一种是产酸菌属，主要为变形链球菌、放线菌属和乳杆菌，可使碳水化合物分解产酸，导致牙齿无机质脱矿；另一种是革兰阳性球菌，可破坏有机质，经过长期作用，可使牙齿形成龋洞。

②口腔环境。口腔是牙齿的外环境，与龋病的发生密切相关，其中起主导作用的是食物和唾液。食物主要是指碳水化合物，既与菌斑基质的形成有关，也是菌斑中细菌的主要能源，细菌能利用碳水化合物（尤其是蔗糖）代谢产生酸，并合成细胞外多糖和细胞内多糖，所产的有机酸有利于产酸和耐酸菌的生长，也有利于牙体硬组织的脱矿，多糖能促进细菌在牙面的黏附和积聚，并在外源性糖缺乏时，提供能量来源；在正常情况下，唾液有机械清洗作用、抑菌作用、抗酸作用，以及抗溶作用，唾液的量和质发生变化时，均可影响龋患率，临床可见口干症或有唾液分泌的患者龋患率明显增加。

③宿主。牙齿是龋病过程中的靶器官，牙齿的形态、矿化程度和组织结构与龋病发生有直接关系。

④时间。龋病的发生有一个较长的过程，从初期龋到临床形成龋洞一般需 1.5～2 年，因此即使致龋细菌、适宜的环境和易感宿主同时存在，龋病也不会立即发生，只有上述三个因素同时存在相当长的时间，才可能产生龋坏。

由此可见，龋齿的产生是一个较为漫长的过程，因此，更需要我们定期检查，及早防治，降低其发生率。

龋齿的防治要采取综合措施。首先要注意口腔卫生和适当营养，培养孩子早晚刷牙、饭后漱口、少吃糖、睡前不吃零食等良好习惯，刷牙选用保健牙刷，即刷头短小（30 毫米以下），刷丝细软、有弹性，牙刷材料无毒无害的牙刷，并选用含氟牙膏，刷牙方式要按照竖向、横斜和螺旋运动轨迹进行，这样更能够彻底地清除牙垢；其次，饮食上要注意补充维生素 D 和钙，多摄入富含钙、无机盐等营养食物，尽可能食用高纤维粗糙食物，少吃酸性刺激食物，少吃含糖分高的食物，如糖、巧克力、饼干等，不可吃太多的过于坚硬的食物，以免牙齿磨损；最后，还要做好牙的定期检查，一般每半年检查一次，在三度龋齿以前要及时充填，可应用一些现代牙病防治技术，如免疫、胶封、激光照射等方法来防治龋齿，对于饮食补氟，要谨慎使用，因为补氟太多会导致黑色的氟斑牙和氟中毒。

众所周知，“牙疼不是病，疼起来真要命”，如未能及时防治，出现了龋齿，则需要尽早治疗，一是为了尽量免受牙疼之苦，二也是防治龋病继续蔓延。龋病治疗的目的在于终止病变过程，恢复牙齿的固有形态和功能，主要有5种方式：

①药物治疗。药物治疗是在磨除龋坏的基础上，应用药物抑制龋病发展的方法，适用于恒牙尚未成洞的浅龋，乳前牙的浅、中龋洞。常用药物包括氨硝酸银和氟化钠等。

②银汞合金充填术。对已形成实质性缺损的牙齿，充填术是目前应用最广泛且成效较好的方法，其基本过程可分为两步，先去除龋坏组织和失去支持的薄弱牙体组织，并按一定要求将窝洞制成合理的形态，然后以充填材料填充恢复其固有形态和功能。适用于充填后牙和隐蔽部位的前牙洞。

③复合树脂充填术。适用于充填前牙和不承受咀嚼力量的后牙洞。

④酸蚀法光敏复合树脂充填术。适应证同复合树脂充填术，适用于牙体缺损较多、固位较差和遮盖变色牙等。

⑤嵌体。用金属或其他材料制成与牙齿窝洞相契合的修复体，镶嵌在洞内的称为嵌体；盖在合面的为盖嵌体。适用于：后牙合面有较大窝洞或后牙有折裂可能者；邻合面洞充填，无法修复与邻牙的邻接关系者；作为半固定桥基牙。

病毒性肝炎的预防与治疗

病毒性肝炎是由肝炎病毒引起的、以肝脏损伤为特征的传染病。具有传染性强，传播途径复杂、流行面广、发病率较高等特点。主要表现为乏力、食欲减退、恶心、呕吐、肝肿大及肝功能异常，部分病人可有黄疸和发热等症状。

目前已知的肝炎病毒有甲、乙、丙、丁、戊五种类型。甲型肝炎和戊型肝炎多表现为急性感染；乙型肝炎、丙型肝炎和丁型肝炎大多呈慢性感染，少数病例可发展为肝硬化和肝癌。

病毒性肝炎的传染源是肝炎患者或无症状的病毒携带者。病毒性肝炎的传播途径有两种：一种主要经胃肠道传播，如甲型和戊型；另一种主要经血液、体液传播，包括母婴垂直传播、医源性传播（如使用不洁医疗器械、输血或血液制品等）及性传播等，如乙型、丙型、丁型肝炎。人类对各型肝炎普遍易感，各种年龄均可发病。

对青少年来说，多数还处于在校园学习、读书的年龄阶段，校园是一个相对封闭的环境，尤其是寄宿制学校，数千名学生学习、生活在同一个环境中，很容易导致感染性疾病的传播，针对这一特点，社会应给予更多的关注，改善校园的卫生医疗条件；学校应做好环境管理，提高宿舍、食堂、教室等地的卫生标准；学生自身也应该提高安全卫生意识，及时注射疫苗，注意生活环境卫生等。

具体的预防措施为：

①管理传染源。对急性甲型肝炎患者进行隔离至传染性消失，慢性肝炎及无症状、HBV、HCV 携带者应禁止献血及从事饮食幼托等工作，对 HBV 标志阳性肝病患者，要依其症状、体征和实验室检查结果，分别进行治疗和管理指导。

②切断传播途径。甲、戊型肝炎防治重点是加强水源保护、食品及个人卫生，加强粪便管理。乙、丙、丁、型肝炎重点在于防止通过血液、体液传播，加强献血员筛选，严格掌握输血及血制品的应用。

③保护易感人群。人工免疫特别是主动免疫为预防肝炎的根本措施，然而有些肝炎病毒（如 HCV）因基因异质性，迄今尚无可广泛应用的疫苗。甲肝疫苗已开始应用，乙肝疫苗已在我国推广取得较好的效果。

总之，对于病毒性肝炎，要早发现、早诊断、早隔离、早报告、早治疗及早处理，以防止流行。如若发现已被传染病毒性肝炎，要主动接受治疗，防治病情恶化，治疗方式通常包括如下六种：

①一般治疗。急性肝炎及慢性肝炎活动期，需住院治疗，保证患者有充足的卧床休息时间，并合理补充营养，保证热量、蛋白质、维生素的供给，同时应严禁饮酒，恢复期应逐渐增加活动。慢性肝炎静止期可做力所能及的工作。重型肝炎要绝对卧床，尽量减少饮食中的蛋白质，但要保证热量、维生素的摄入，可输人血白蛋白或新鲜血浆，以维持水电解质的平稳。

②抗病毒治疗。急性肝炎一般不用抗病毒治疗。仅在急性丙型肝炎时提倡早期应用干扰素防止慢性化，而慢性病毒性肝炎需要抗病毒治疗。

③免疫调节剂治疗。

④导向治疗。

⑤护肝药物治疗。

⑥中医中药。辨证治疗对改善症状及肝功能有较好疗效，如茵陈、栀子、赤芍、丹参等。

图书在版编目(CIP)数据

青少年身心健康常识/徐雅金,戴岳华,王丽晶主编.
——南昌:江西科学技术出版社,2015.12
ISBN 978-7-5390-5475-9
Ⅰ.①青… Ⅱ.①徐… ②戴… ③王… Ⅲ.①青少年-健康教育 Ⅳ.①G479
中国版本图书馆 CIP 数据核字(2015)第 311907 号
国际互联网(Internet)地址:http://www.jxkjcbs.com
选题序号:ZK2015282
图书代码:D15091-101

青少年身心健康常识

主编/徐雅金 戴岳华 王丽晶
责任编辑/范春龙
出版发行/江西科学技术出版社
社址/南昌市蓼洲街 2 号附 1 号
邮编/330009 电话/(0791)86623491 86639342(传真)
经销/各地新华书店
印刷/江西千叶彩印有限公司
版次/2016 年 3 月第 1 版
2016 年 3 月第 1 次印刷
开本/787mm×1092mm 1/16 10 印张
字数/100 千字
书号/ISBN 978-7-5390-5475-9
定价/28.00 元
赣版权登字-03-2015-243